企业法律管理必备制度与实操

全流程制度范本与高频表单

刘纪伟 著

中国法制出版社
CHINA LEGAL PUBLISHING HOUSE

顾问委员会

赵 辰　汪福龙　林星辰

朱 敏　于明玉　张 晗

于 芹　王 楠　刘欣欣

PREFACE
前言

这是信息时代，也是经济迅速发展的时代，更是到处隐藏着波涛暗流和未知风险的时代。

随着市场经济的发展，许多企业的法律意识、权利意识都在不断增强。但是与此同时，经济全球化和贸易来往的国际化使得中国企业处于更复杂的社会政治环境中，这种复杂蕴含着无限的机遇，当然也存在着挑战、风险，甚至杀机。

企业本是以营利为目的的，所以要积极地在国内外市场寻求和把握商机，为了赚取丰厚的利润甘冒风险，为了企业的发展积极迎接挑战，这无可厚非。但是，这并不能成为企业疏忽法律风险的正当理由。一言以蔽之，企业在进行经济活动时，承担一定的风险是正常的，但也必须警惕可能存在的法律风险。

企业因为对法律风险的关注不当、防范不当、处理不当而受到重创甚至覆灭的事例层出不穷。法律风险作为企业风险的一种，其危害性有时远远超过了来自市场的风险。如果企业法律意识不强，不仅连自身最基本的合法权益都维护不了，甚至还有可能触碰法律禁忌，危害企业本身利益。

因此，依法治"企"尤为重要。

公司是现代市场经济活动中最活跃的主体，为顺应时代要求和处理法律事务的需要，很多企业都成立了自己的法务部或法律部。一般来说，规模较大的企业都有独立的法务部门，而规模较小的企业由于并没有太多的法律事务，所以会根据实际情况将法务部与其他部门合并。

企业法务部的重要性和必要性无须多言,它肩负着维护企业合法权益、保证公司守法经营、处理公司在日常经营中发生的各种法律问题等职责。企业要实现法治,不仅是企业股东、管理层的事,也是企业全体员工的事,更是法务人员的主要职责。

在当今提倡法治的背景下,企业的设立和运营、企业间的合作与竞争、企业的对外投资等行为越来越多地依赖于法律支撑等企业软实力。法治能力也逐渐上升到企业竞争力的水平,法务人员要具备足够的法治思维和法治精神,不遗余力地推动和执行依法治企。

但是,很多企业对企业法务方面内容的了解并不是十分透彻,企业法务人员对于自己的职责也不是很明确,这就大大影响了对各种法律相关问题的解决,也增加了企业运营的法律风险。

在本书中,作者首先对企业法务组织构架、企业法务部、企业法务管理模式、法务部门工作流程、企业法务的职责分类、法务人员的绩效考核和激励制度、企业法务部工具等进行了详细的阐述,并将需要注意的问题和事项也都一一列举出来。此外,针对企业法务相关法律制度也有详细的解释,包括劳动法、劳动关系,税收制度、各种税种的具体内容等。

除此之外,作者将与法律相关的企业日常事务分成了几大板块,分别从合同管理、案件管理、合规管理、对外投资管理几个角度所涉及的概念、范围、流程、注意事项、法律风险等进行了综合分析和阐述。

通过本书,读者能够形成一个系统的知识框架,对企业法务的内容有更深层次的了解,从而对实际的操作过程起到一定的指导和规范作用。

作者希望本书能够给大家带来切实的用处,使得读者对企业法务工作的认识在以往的基础上能够有较大的提升。由于作者的水平有限、时间仓促,本书在内容上难免会有疏忽和不足之处,希望读者理解,在此欢迎和感谢你们批评、指导,我们一定会虚心接受,以期进步。

目录

01 Chapter 1　企业法务组织架构

第一节　企业法务总监 / 003

第二节　企业法务部 / 011

第三节　企业法务的职责分类 / 023

第四节　企业法务部的工具 / 036

附录：企业法务工作表单 / 038

Chapter 2　企业法务相关法律制度　02

第一节　劳动及用工制度 / 053

第二节　企业财税制度 / 064

附录：劳动关系管理工作表单 / 074

03 Chapter 3　合同管理业务实操

第一节　什么是合同管理 / 081

第二节　合同管理的制度流程 / 087

第三节　合同管理的风险控制 / 098

附录：企业合同管理工作表单 / 104

Chapter 4 案件管理业务实操

第一节 什么是案件管理 / 117

第二节 案件管理的制度与流程 / 121

第三节 案件管理的风险控制 / 128

附录：案件管理工作表单 / 135

Chapter 5 合规管理业务实操

第一节 什么是合规管理 / 141

第二节 合规管理的制度与流程 / 146

Chapter 6 知识产权管理业务实操

第一节 认识企业的知识产权 / 155

第二节 知识产权管理体系 / 164

第三节 知识产权管理的风险与运营 / 170

附录：知识产权管理工作表单 / 172

Chapter 7　企业投资管理业务实操

第一节　企业的对外投资 / 187

第二节　企业对外投资的风险管理 / 192

第三节　企业投资的法律风险及应对 / 195

附录：企业投资管理工作表单 / 226

Chapter 8　外聘律师管理业务实操

第一节　外聘律师管理概述 / 235

第二节　外聘律师管理制度和流程 / 239

第三节　外聘律师管理实务 / 242

附录：外聘律师管理基本表单 / 245

QIYE FALÜ GUANLI BIBEI
ZHIDU YU SHICAO

Chapter 1
企业法务组织架构

第一节 | 企业法务总监

"小王,到点下班了,你怎么还不走?"法务专员宋涛问道。

"一时半会儿是走不了了,我得把明天张总的工作安排厘清。你先走吧,别等我了!"

宋涛一听助理小王在给法务总监老张做工作安排,饶有兴趣地说道:"让我看看,张总一天都干吗?"说着,宋涛把头探到小王的电脑屏幕前。

"够详细的,张总真是日理万机,要不人家挣得多!"

"那当然,你以为法务总监好干啊,从早忙到晚,除了吃饭,基本都是在工作。给你膜拜一下,这是某天张总的工作行程。"小王打开了一个文档。

"嗯,我看看啊。"宋涛说着,把脸凑近显示屏,皱着眉头看起了密密麻麻的一大排行程记录。

大致内容如下:

8:30 查看助理发来的邮件,了解当日急需处理的工作;

8:40至9:30 组织法务部门开会,商讨修改某合同细则;

9:40至10:00 到公司市场部开业务会;

10:10至10:40 回法务部听取会议汇报,并准备下午的会议材料;

11:00至11:50 与人力资源部商议公司劳务合同修改事宜;

12:00至13:00 与老总吃饭并简要汇报上个月的工作;

13:00至14:00 法务部周二例会;

14:00至15:35 与外部律师、会计师商讨公司收购事宜;

15:40至17:00 回到办公室,复核当天制定的协议并提出复核意见;

17：00 至 18：00　　查询邮件，处理法务助理发来的审核意见表；

18：00 至 19：00　　确定明日行程及重要事项；

19：10 至 20：00　　与业内人士交流，与其他公司法务总监沟通。

"怎么样？傻眼了吧？"小王用调侃的语气问道。

"嗯！了不起，不愧是法务部总监，真不简单。"

"主要行程就有十几条，其间还有好多琐碎的小事，我都没法记。"小王舒了一口气。

"行啦，你忙吧，我晚上正好有点事，先走了！"宋涛拍了拍小王的肩头，走出了办公室。

法务总监是企业法务部门的最高管理者，全权负责企业中发生的一切法律事务，是企业法律事务管理中最为重要的职位之一。

1.1　法务总监的岗位职责

法务总监是公司、企业内部专职负责法律事务的最高管理者，就企业规模和性质的不同，还可将其称为"法律顾问""首席法务官""法务部经理"等。虽然都是指代企业法务部的负责人，但运用"场景"略有不同。比如，法律顾问一般用于拥有较大规模的国有企业；法务部经理一般用于大型企业集团；首席法务官作为一种舶来品，主要用于新兴的现代公司。就目前而言，法务总监是除国有企业外，在其他公司、企业中最普遍的称谓。

法务总监是企业法律事务的负责人，其涉及的工作范围涵盖整个法务部的工作内容。虽然法务部与人力资源部、企业财务部等部门同属于专业职能部门，是专门处理企业法律相关事务的职能部门，但在不同的企业和公司中，法务部的工作职责却有很大不同，这主要取决于各公司管理层对法务部门的岗位职责设定。

比如，在一些企业中，法务总监只相当于一名行政总监，主要负责公司日常合同审核、不良应收追缴、工伤注册等级、员工法律培训等。而在另一些企业中，法务总监的工作范围则十分广泛，不仅涉及企业战略选择的法律论证，还可能帮助企业应对反垄断审查，或者保证企业行为符合国家证券监管法规即某个证券交易所的特殊要求等。

因此，我们可以看出，同样是法务总监，因企业不同，工作内容也各异。尽管如此，我们还是可以从代表性的企业实践角度说明法务总监普遍意义上的职责。

作为企业法务部门的负责人，法务总监的全部工作职责，应至少包含以下三个方面：

- 在企业特定的组织环境和商业环境中，做与本企业相关的法律事务工作；
- 思考如何组建并带领这支团队完成第一项任务；
- 在当前的企业文化中，法务总监应思考如何与管理层和其他部门沟通协商，传递法务部门的工作成果，展现法务部的价值。

具体来说，法务总监的职责可分为以下四类：

一、业务管理职责

业务管理职责可以说是法务总监的第一职责，也是最为基础的职责。法务部作为一个专业职能部门，法务工作是法务部在企业中能够立足的根本。同样，公司之所以要单独设立法务部，也是为了让法务部工作人员运用其法律业务的知识和技能，保证企业能够合法、合规地经营运作，从而为企业防范风险，创造价值。

二、内部管理职责

通常来说，企业法务部门的工作量往往十分巨大，要让一个法务总监独自完成是绝不可能的。因此，法务总监就要努力打造一个为企业法务工作共同奋斗的法务团队。而法务总监就是该团队内部的第一责任者。

三、沟通管理职责

法务部与企业其他部门相比有其一定的特殊性，具体表现在法务部需把工作成果传递给企业的其他部门和外部客户。因此，作为法务部的负责人，法务总监就要保证法务部的工作成果能及时、准确地传递给其他部门和外部客户，保证工作成果被接受，这就是法务总监的沟通管理职责。

四、学习职责

优秀的法务总监应该能够持续地推动企业发展。这就要求法务总监要把不断充实自己当作一份职责。只有通过不懈的学习和努力，才能使法务总监的业务素质不断提高，为企业贡献出应有的力量。

图 1.1　法务总监主要职责

1.2　企业对法务总监的能力要求

通常来说，一位合格的企业法务总监应具备以下能力。

一、关键胜任素质

关键胜任素质是人力资源管理中的一个重要概念，是决定和区别岗位绩效差异的个人特征。一般来说，关键胜任素质包含两大类，分别为表象素质和潜在素质。

所谓表象素质，指的是可被人们观察到的行为、拥有的知识技能等。而潜在素质则不容易被人所观察，是指个人所特有的深层次动机、愿望、价值观等。两者的联系紧密，互相影响。决定法务总监的关键胜任素质的为以下四项：从事法务总监的愿望是否强烈；是否具备了企业法务工作的思维方式；是否拥有法务总监的特有技能；是否具备企业法务工作的系统理论知识。

1. 从事法务总监的愿望是否强烈

愿望是一个人进行思考和行动的驱动源泉。如果一个法务工作者没有成为法务总监的强烈愿望，那么当他上任之后，也就不会有积极的工作态度。如果仅仅是把手头的工作当成一项任务去完成，那么他就很难达到法务总监的岗位要求，进而难以得到升迁的机会。

2. 企业法务工作的思维方式是否具备

与一般的工作相比，企业法务的工作思维是一种有特殊要求的思维。它由该企业的法务工作特点所决定。

一般来说，企业的法务思维包含以下三个方面：

①合法性思维，当法务人员看到企业将要从事的任何一项商业活动时，思维里应首先出现的是该活动是否合法。

②风险思维，企业所做出的大多数决定均具有一定的风险，如是否投资某项目、是否采购某套设备等。当法务总监必须具备风险意识。比如，当法务总监看到企业在经营某项目时，应事先设想好企业如果按计划进行可能遇到哪些法律风险，如何规避。

③证据思维，该思维对应的是对行动的书面记录。其记录的作用在于，必要时能还原事件的本来面貌，以便在处理纠纷或诉讼时，有充分的记录来证明事件的原委，从而赢得官司。

3. 法务总监所特有的技能是否拥有

法务总监的工作核心技能应包含以下四个方面：

①梳理交易流程，洞悉交易本质。任何一项企业的法律事务都是以特定的商业交易为基础的。交易的本质决定了法务人员应采取哪种行为和方式对风险进行控制。因此，法务总监作为风险控制的指导者，必须能洞悉交易的本质，从而采取相应的法务措施。

②倾听式沟通技能。法务工作要求每一位法务人员都应具有高超的沟通能力，特别是学会倾听式的沟通技巧。因为法务工作的本质就是将法律制度、规则运用到协议、方案和交易之中，具备了这种能力才能充分理解其他部门的意图。

③说服他人的技能。法务总监经常要面临将某项交易转变为一个风险可控

的交易结构。这种转变后的交易结构很可能会改变业务承办部门的设计初衷，也可能会在原交易的流程上增加控制环节。这就给业务部门的交易谈判增加了难度，因此很容易遭到业务部门的抵制。这就需要法务总监有优秀的说服能力，让业务部门听从自己的意见。

④快速学习能力。法务总监的工作是在理解了其他部门的工作的基础上，运用法律条款对公司各项涉及法律的业务进行设计和安排。这就要求法务总监能涉猎各个方面的专业知识，从而能在短时间内做出法律建议。

4. 是否具备企业法务工作的系统理论知识

法律知识是法务总监工作的基础，没有丰富广博的法律知识作为基础，就无法处理相关的法务事件。

二、法务总监的任职资格

任职资格指的是对某岗位的候选人在技能、知识、能力、经验等方面的基本要求。由于每家企业的法务工作环境不尽相同，因此在任职资格上也存在很大差异。

通常来说，企业对法务总监的任职资格会从以下几个方面进行要求：

1. 年龄，通常在 35 岁至 45 岁之间，工龄在 8 年至 12 年之间；

2. 学历，一般情况下，至少要求为本科及以上学历，专业对口；

3. 资质，一般要求有律师资格证，在国有企业还会要求有企业法律顾问执业证；

4. 经验，包括诉讼经验、专业经验、行业经验等；

5. 综合素质，如沟通能力、职业道德品质、抗压能力、外语能力等；

6. 综合知识，往往需要兼顾财务、审计、管理等知识体系。

我们简以国内某企业的法务总监任职资格进行说明。

某集团公司的法务总监任职资格：

①全日制大学本科以上学历，具备司法人员资格；

②具有 8 年以上法律相关工作经验，其中包括 3 年以上大型集团公司的同等岗位工作经验；

③熟悉公司法、劳动法、合同法、投融资法规及公司对外融资、上市等方面

的法律法规，具有诉讼方面的知识和经验；

④为人正直诚信，具有极强的协调能力和语言表达能力，且能承受一定的工作压力；

⑤具有极强的责任心，拥有系统的专业知识、严密的逻辑思维能力和正确的判断力；

⑥身体健康，有良好的道德品质和职业素养。

以下为某公司的法务总监任职说明书，以供读者参考。

表1.1　职位说明书示例

职位说明书

一、职位基本信息

所属公司		所属部门	法务部	职位系数	
职位名称	法务总监	直接领导	执行总裁	职位性质	全职
职位等级	部门负责人	下属人数	直接/间接：0/0	下属人员类别	

主要工作内容：全面主持地产事业部法务工作。

二、职位设置的目的与权限

法律风险防范、法律事务处理、法务的基础工作。

三、工作内容、职责与评估标准

主要工作职责描述（全责）	权重	评估标准
法律防范 1. 参与起草、审核企业（部门）重要的规章制度，对企业（部门）规章制度的合法性负责。 2. 制定标准的合同文本，审核企业各种技术、经济服务合同，参加重大合同的起草、谈判工作，监督、检查合同的履行情况，并对重要事件出具法律意见，最大限度地保障公司利益。 3. 参与经营决策/商务谈判：对重要事项事前参与介入。 4. 法律培训：持续进行各类法律培训，全面提升全员法律意识。	20%	做好法律风险防范和控制，保障公司利益； 主动性5分； 内部客户满意度5分； 公司法律风险控制程度10分。
法律事务处理 1. 参加公司的兼并、收购、投资、租赁、资产转让、招投标等重大经济活动，提出法律建议，维护公司的合法权益。 2. 代表公司处理各类诉讼或非诉讼法律事务，维护公司合法权益。 3. 重大客户投诉的协助处理。 4. 参与重大事故的处理工作，协助有关部门进行善后处理。 5. 负责与外聘律师、法律顾问的联络、配合工作。	50%	处理法律事务的效率和及时性20分； 内部客户满意度10分； 工作的质量20分。

续表

职位说明书

基础管理 1. 集团及子公司法务管理制度建立与监督实施/流程管理：建立、实施集团法务管理制度，监督子公司实施情况。 2. 知识产权维护：商标注册与侵权保护。 3. 公共事务：处理公司日常公共事务。 4. 整理汇编企业开展业务需要的各种法律、法规及规章制度。 5. 开展与企业经营管理有关的法律咨询工作。	20%	建立公司的法律风险管理和控制体系，普及法律知识，建立依法经营的工作环境。部门工作流程10分；员工满意度10分。
领导临时安排的各项工作。	10%	服从安排完成工作10分。

四、任职资格

年龄区间	30—40岁	语言能力	英语良好
性别要求	不限	沟通能力	外向，乐于沟通
学历及专业	本科以上，法律或相关专业	培训经历	通过司法考试
经验资历	注册律师优先	技术专长	法务工作经验
特别知识与技能	法务工作的专业知识，风险的识别能力，判断能力，解决问题能力。		

五、工作沟通关系

六、职位环境

主要沟通对象		联系频率	沟通技巧	时间特征	加班
内部	上级	经常	高	紧张程度	紧张
	平级	经常	一般	办公地点	室内
				使用设备及物品	电脑，办公用品
外部	合作方	一般	高	职业危害	无
				职业风险程度	无

七、绩效考核形式与方法：季度考核，职位说明书与事业部战略规划相结合。

八、工作成果描述 业务运营安全，无风险；公司的权益有保障；无法律事务纠纷；员工的法律意识强。	任职人签字： 日期：	主管签字： 日期：

第二节 ｜ 企业法务部

企业法务部是负责企业所有法律事务的部门，属于职能部门，一般由各类律师和熟悉专业法律知识的人员组成，其工作职能非常广泛，涉及企业法务的方方面面。企业法务部肩负着重大使命，它既是企业是否能够合法经营运转的保障，又担负着企业合法权益受到侵害时进行维护的重要责任。此外，企业在经营管理中涉及的法律问题都要经由法务部处理。因此，企业法务部对企业法律事务管理的好坏起着至关重要的作用。

2.1 法务部门的必要性

公司作为现代市场经济活动中最为活跃的主体，在激烈的竞争中生存，不仅要顺应市场经济的发展，还要具有处理法律事务的能力，避免法律纠纷的发生。因此，很多公司都会成立专门的法务部门，对公司法务进行管理。这些成立法务部门的公司一般规模较大，出现的法律事务也较多；而对于一些小规模的公司，它们需要面对的法律事务较少，往往没必要大费周章成立一个法务部门，但这不能说明小企业就对法律事务不重视，它们往往是将法律与人事或行政部门合二为一，这样做既可以节省人力，又可以节约公司开支。

公司成立法务部门之后，可以对本公司所涉及的法律事务进行处理，从而确保公司在守法经营的前提下，维护公司的合法权益。具体来说，有以下三点必要性：

第一，成立公司法务部门可对各项法律事务进行管理，维持公司正常的生产经营秩序。

市场经济的前提是法治管理，在市场经济前提下，公司的一切商业活动都应以尊重市场规律为前提，同时还必须遵守相关法律法规，不得违法操作。随着市场竞争的加剧，企业间或企业与社会间有时会无法避免地发生一些法律纠纷，为了维护好公司的合法权益，各公司就需要成立或组建一个谙熟法律知识且专职于处理法律纠纷的部门。

第二，为了维护本公司的自主品牌和知识产权，需要成立法务部门。越来越多的企业已经注意到，要想让一个企业长久、稳定地发展，设立一个以品牌为导向的战略目标显得尤为重要。企业经营自主品牌时，往往会出现一系列被侵权的问题，如某假冒产品山寨本公司品牌蒙骗消费者。当企业遇到类似情况时，就需要运用法律武器维护知识产权、保证公司自主品牌不受侵犯。因此，一个擅长处理法律纠纷的法务部门是非常重要和必要的。

第三，公司要想长远发展，就必须对法务部门予以重视。在市场经济飞速发展的今天，我国国内的法治环境已逐渐完善。凡事都应在遵守法律、法规的前提下进行解决。对于一个公司或企业来说，法律纠纷的发生是不可避免的。一旦出现法律纠纷，如果有专业的法务团队进行解决，能把企业的损失降到最小。一个专职服务于本公司的法律事务团队，会给该公司的长久发展、壮大带来可靠的保障。

图 1.2　法务管理的必要性

2.2 企业法务的管理模式

如今，企业越来越重视对法律事务的管理，随之也产生了多种管理模式。不同国家或不同地区的企业会根据本公司的业务实际情况、公司治理模式及发展水平、阶段的不同，采用不同的法律事务管理模式，设置符合本企业发展的法律组织机关。

一般来说，目前使用较为普遍的管理模式有：垂直管理模式、分散管理模式、矩阵管理模式等。采用垂直管理模式的著名企业有中国的中兴、华为和日本的新日铁等；采用分散管理模式的企业有德国的西门子、中国的万科和 TCL 等；采用矩阵管理模式的有柯达、IBM 等。以下对各管理模式进行介绍、说明。

一、垂直管理模式

垂直管理模式是一种历史悠久的传统管理模式。早在公司法务部门成立初期，大部分公司就采用这种模式。这种模式要求将所有集团包括控股子公司的法律事务都管理起来，总部的法务部对集团上下的律师招聘、预算、考核进行全面负责、管理。

垂直管理模式也是民主集中制的典范，它能大大增强集团对风险和危机的防控能力，也能防止子公司隐瞒不报和内部舞弊行为。但是，随着公司规模的逐渐扩大，越来越多的跨国上市公司在全球经营，这种模式对效率提高的阻碍也越发明显。比如，总部的律师不能经常赶到子公司现场，无法了解具体的公司情况，导致解决问题的难度加大，甚至还可能衍生麻烦。

二、分散管理模式

很多公司为了提高办事效率，纷纷采用了这种相对分散的法律管理模式，即重大法律事务和规章制度由总部法律事务管理机构统一管理，而一般的法律事务则根据总部的授权，交由子公司自行处理。

比如，很多中小企业的法律事务垂直管控力度不大，法律事务管理架构多为分散式模式。在这种分散管理模式之下，法律机构和人员可全面实行区域化和专业化的科学配置。虽然在一定程度上提高了公司律师的工作效率和压力，但也难免出现法律人员各自为政、各为其主的情况，导致影响公司整体法律风险控制的结果。

三、矩阵管理模式

矩阵式法律管理模式是围绕保障集团业务和子公司或区域组合均衡发展的战略目标展开的，是用以推动全球业务的区域化和专业化的法律系统管理模式。

在这种管理模式下，公司总部设置有总法律顾问，他可根据法律事务的类别设置各类业务的首席法律顾问。此外，还在各个区域或主要业务地区配备专业的公司律师，由这些专业律师负责合规性审查和公司内部日常基本法律事务审核。

集团总部的法务部和区域总部对这些首席法律顾问和专业公司律师具有一定比例的管理和考核权限，从而形成总部和地方的双向负责、双向汇报的矩形机制。

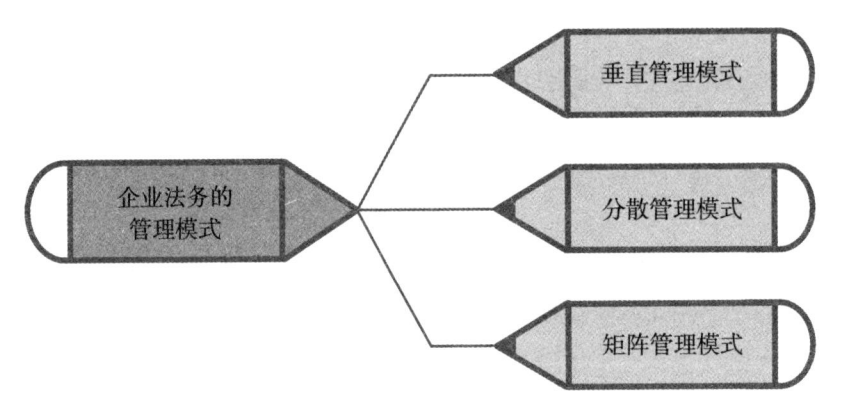

图 1.3 企业法务的管理模式

2.3 法务部门的基本工作和流程

一般来说，法务部门岗位主要有以下几种职能。

一、预防法律纠纷的发生

1.法务部门应协助总部及各部门共同对公司的各项规章制度进行完善。公司制定规章制度一经起草完毕，就将草案连同征求意见等资料送至公司法务部。法务部将主要从以下三个方面对规章制度进行审查：

①规章制度是否符合法律、法规的基本原则，是否与国家政策相抵触；

②规章制度是否与本公司当前的规章制度相协调，如果需要更改，给出充分的理由和依据；

③草案中的条例结构、条款、文字等规格是否符合规章制度的标准要求。

2. 梳理和制定各类业务合同范本。

3. 审查、修改并会签合同，从而协助和督促公司对重大合同的履行。

二、解决已经发生的各类法律纠纷（包括诉讼和非诉讼）

所谓诉讼指的是本公司作为一方当事人或第三人，以诉讼、仲裁的方式解决法律事务活动。具体包括：民事诉讼案件、行政诉讼案件、刑事及刑事附带民事诉讼案件、仲裁类案件等。

非诉讼指的是以本公司为一方的当事人，运用协商、调解、仲裁、复议等方式解决企业涉及的有关纠纷或争议的法律事务活动。法务部门应当遵循充分协调必要关系和维护公司合法权益相统一的原则，对已经发生的法律事务进行处理。

具体流程如下：

①案件起因者和起因部门负责人应配合并协助法务部门对案件的相关问题进行处理；

②公司内所有员工都有义务及时向所在部门负责人报告自己所发现的有损于公司利益的行为，部门负责人应在得知该情况后的数日之内以书面的形式呈报法务部门；

③法务部门应在两日之内对呈报的书面文件进行答复，法务部认定有必要采取诉讼行为的，应以书面的形式呈报给单位并告知如何将公司受损的利益降到最低；

④在公司的经营和管理活动中，如某当事人或有关责任人和所在部门被起诉，应及时向法务部门进行说明，提供案情原委和相关材料，方便法务部开展应诉工作；

⑤涉及案件处理的当事人和相关人员应积极主动地与法务部门相互配合，争取保证案件能顺利完成；

⑥案件审结之后，法务部门应依据人民法院的生效判决继续做好执行阶段的工作，如对方当事人逾期不履行生效协议或判决，承办部门和承办人应及时向公司负责人汇报，法务部门应在申请执行期限内向人民法院申请强制执行；

⑦案件处理结束后，法务部应就案情的全部情况进行总结，组织材料后向公司领导汇报，同时酌情向有关部门、人员通报，如条件许可，也可作为法治宣传教育材料加以运用；

⑧法务部门应对案件材料进行系统全面的整理，随后编撰成卷。

三、为公司各部门提供法律问题咨询

1. 为公司各职能部门和公司经营管理者提供咨询服务，及时解答他们的问题；

2. 公司法律事务的咨询和指导以法律事务咨询单和法律意见书的书面形式进行；

3. 当公司各职能部门的员工和管理人员在工作中遇到法律问题时，可主动以法律事务咨询单的形式向法务部提出疑问，法务部一经接到法律事务咨询单就必须在合理的期限内接单，并针对员工所咨询的事项出具法律意见书；

4. 法务部还有权利主动对公司各个职能部门或子公司的经营管理情况提出法律建议。

四、对法律法规的调研

1. 对与公司经营管理有关的法律、法规、制度文件资料进行收集、整理、保管，并且定期以法务通信、法律意见书、政策法规速递等形式提供法律调研成果，从而为公司在经营管理的决策上，提供法律风险分析以及法律政策依据。

2. 梳理公司运营资质类文件、优惠策略等，并定期向各业务部门普及。

五、开展法律培训

当公司向员工提供法律意识和法律素质方面的培训时，法务部应主动负起责任，并由公司行政部门及相关部门协助。

法律培训应与业务工作实际相结合，对相关案例进行分析和研讨，集中解决员工在业务中比较容易出现的法律问题；对公司新颁布或新修改的与业务工作相关的法律、法规、规章应积极组织学习和培训。

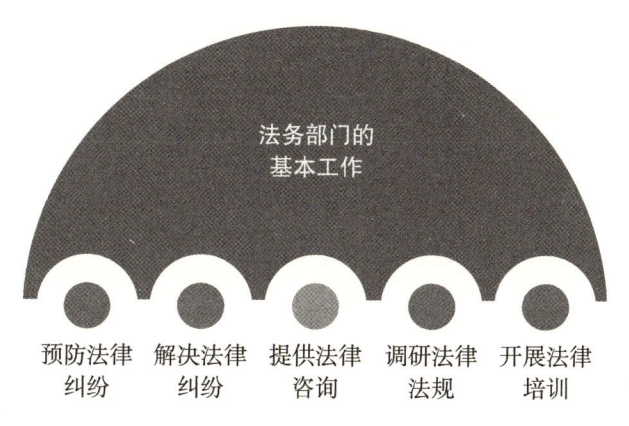

图 1.4　法务部门的基本工作

2.4　法务人员的绩效考核

因工作性质和工作内容的不同，对法务人员的考核应采取与一般员工不同的方式，具体须考虑以下几个方面。

一、目标的设定

从本质上来说，绩效考核是一种管理行为，其根本目的在于帮助企业或组织取得成效。当我们设立法务的绩效考核目标时，须考虑以下几个问题：

1. 法务人员应取得的成效有哪些？此项可以说是法务绩效考核目标建立的基础。成效可围绕法务部门的工作清单予以思考。但必须注意的是，法务人员是脑力工作者，对其成效的度量既要进行定量统计，也要有定性总结；既要有对现时的评价，也应该有对未来的规划。

2. 需要建立什么样的法务人员绩效指标体系？这种指标体系与其他人员的指标体系有所不同，它取决于法务总监是将法务人员的考核当作一项特殊的工作予以对待，还是将其认为是无特别之处的法务人员绩效考核。

3. 一般来说法务人员的绩效考核方式主要有以下几种：关键指标评价法（KPI）、360度考核法等。

4. 对绩效考核结果进行评价。

二、明确考核指标

绩效考核结果取决于两个主要方面，一是公司对法务部的安排任务，二是法务人员的自身努力情况，对法务绩效考核的指标体系可围绕两者进行。

1. 为了考核法务部对公司法律需求的专业支持程度，可将法律需求的反馈时间、咨询质量等作为考核标准。

2. 为了考核法务部门对公司的风险控制能力，对法务人员的绩效考核指标可以包括定期的风险识别工作、有效的风险应对工作、规范的风险评估工作等方面。

3. 为了考核法务部门能对公司的诉讼进行满意处理，对法务人员的绩效考核指标还可包括有效的应诉操作、标准的维权流程等。

三、具体的考核方式

考核方式有很多种，相对常见的有以下7种，分别为目标管理法、360度考核法、关键事件法、书面描述法、评分表法、多人比较法、行为定位评分法。每种绩效考核方式各有优劣，具体要参考不同场合加以运用。

针对法务人员的绩效考核而言，那些"纯定量"的考核方式明显难以运用，因为法务人员在工作中无法提供足够的定量数据。因此，以大量的定量数据作为基础的评分表法和行为定位评分法就只好排除。

然后，我们还要排除那些未考虑法务工作事先难以安排的特点的评价方法，如目标管理法。在大多法务工作中，如项目法律尽职调查、合同审核、诉讼处理等，都是来自业务部门的需求，法务部一般不会主动发起，因此这种考核方式并不适合用来考核法务人员。

此外，对每位员工进行统一比较的方法也应排除，如多人比较法。就法务人员的工作任务来说，每个人几乎都不一样，尽管同样是合同审核工作，但是每天所需要审核的合同也存在着很大的差异。所以，多人比较法在考核法务人员方面缺乏运用的基础，应予以排除。

经过排除，我们认为适合对法务人员进行考核的方式大致有以下三种，即关键事件法、书面描述法、360度考核法，具体说明如下：

关键事件法，是对某工作中最为重要或能决定该工作成功与否的任务和职责要素进行评定的方法，也就是所谓的关键KPI。就法务工作考评来说，可把工作中尽职调查、诉讼或仲裁处理、交易方案设计等看成一个个独立项目。虽然这些项目成果难以进行量化，但随着同类项目的多次发生，法务人员的工作能力和工作成效会在项目完成的过程中集中展现，这些表现可以为评估提供丰富的事例。

书面描述法，是以书面的形式对员工优缺点、工作绩效和潜力进行描述，随后提出改进的建议。这种方法相对简单易行，但对考评人的写作能力要求较高。

360度考核法是分别向被考核者的上司、本人、同事及下属进行意见收集。就法务工作来说，这是一项提供内部法律服务的工作，其客户多为公司人员，而客户的反馈也是衡量法务工作是否有价值的重要途径。因此，虽然360度反馈存在一定的缺陷和弊端，但相比较那些难以操作的考评方法，360度考核法也不失为一种备选。

四、绩效考核结果的充分运用

运用绩效考核结果是绩效管理中非常重要的一部分，要实现绩效考核目标就必须重视对考核结果的运用。绩效考核结果如能运用得当，不仅能激励员工的成长、提高员工的绩效，还能以此为据，对员工的薪资和职位进行合理的调整与晋升，帮助企业实现对员工的培训和绩效的改进。

1. 根据法务人员的绩效考核结果可分配和调整法务人员的绩效工资。

2. 法务人员的绩效考察结果，还可以用来对法务人员进行职位或工作任务范围的调整。

3. 对法务人员的绩效考核结果，还可以应用到对法务人员进行的针对性培训上。

4.从本质上看,绩效考核是一种过程。我们通过绩效考核可以发现员工身上存在的问题,进而帮助员工改善不足,以达到共同进步和成长。因此,从某种角度来看,绩效考核结果的运用也是绩效改进的同义词。我们考核的根本目的还是让员工实现成长,把各自岗位的法务工作做好。

2.5 法务人员的激励制度

法务人员作为专业的工作人员,它与普通员工有所不同。如要让法务人员在企业中能够发挥更大效能和生产力,就必须思考其特殊的需求所在,并给予一定的满足。因此,我们要想对法务人员进行激励,就先要思考法务人员的特殊需求有哪些,针对这些需求,我们可以进行有针对性的满足,那么就能得出一套行之有效的激励方案。

一、激励制度应遵循的原则

第一,对法务人员的激励不能只局限于金钱的奖励,专业上的肯定也尤为重要。虽然薪酬和奖金对法务人员十分重要,但要想让法务人员自发地站在公司的角度处理问题,还是要引导他们从公司的全局和公司的业务处理来理解和改变当前从事的法律工作。

企业在对法务人员专业上严格要求的同时,还要对其做出的表现予以专业的评价,这样不但能激起他们的工作斗志,还能满足他们对专业精益求精的渴望。

第二,法务人员本人应对自己的业务进行实质性的控制。作为典型的知识型员工,法务人员会特别重视自己赖以生存的技能和凭借技能所生产的成果。如果企业不能对员工的工作成果进行及时反馈,那么法务人员的工作激情很快就会衰退。

第三,企业还应向法务人员提供与管理职位相平行的升迁渠道。比如,企业除了设立"法务经理""法务总监"这样的职位,还可以提供"资深法律顾问""高级法律顾问""首席法律顾问"之类的专业分级职位。当然,这些专业岗位的待遇和声望也应与类似的管理岗位相对等。

二、适当的激励手段

一些非常优秀的法务人员，往往因缺乏管理经验而无法成为管理领导。如果企业再不给这些资深的法务人员除管理职务外的升迁机会，就可能会打击他们的工作积极性。

因此，我们在明确了法务人员的特殊激励需求后，还应考虑用哪种适当的操作手段进行激励。具体来说，有以下几种可供参考：

第一，设计多维度的专业工作。

多维度的法务工作可以从扩大法务工作的范围、增加法务工作的深度入手。着重从技能多样性、任务完整性、任务重要性、工作自主性、工作反馈性五个方面进行考察、激励。

第二，建立相对优厚的薪酬体系。

如何才算比较优厚的薪酬体系，我们认为至少要等于或高于市场同行业的薪酬水平。同时，绩效考核要与员工的实际贡献相挂钩，保证公正、公平。

第三，提供持续的业务培训。

法务人员往往对自身的知识与技能的提高有着强烈而持久的渴望。如公司能持续开展培训，便可满足法务人员的进取需求，从而激发他们的工作活力，并且还能对一些未得到满足的期望起到一定的弥补作用。

而且公司培训与法学院的科班教育不同，法学院传授的是基础法学理论知识，要求学生能系统地掌握法律原理和繁多的法律条文。而公司开展的法务培训则侧重于技能的培训，提升员工技巧方面的业务水平。这种持续频繁的培训可促进法务人员的能力提升，进而起到一种金钱难以取代的激励效果。

三、落实激励措施

企业法务人员与执业律师相比，薪资往往较低。这是因为法务人员一般不能以处理某个案件或项目的金额大小作为衡量自己贡献的依据。法务人员的薪酬类似于"打包价"，每月由企业发放固定的薪酬，不考虑处理事项的金额、法律问题的复杂性等问题。因此，当法务人员在处理企业的法律事务时，如诉讼等，缺乏数字标准进行衡量其工作成效，从而失去了激励效果。

为了改善这种情况，公司可引进案件提成制。将法务人员的绩效工资与其处理案件的数量和难度相挂钩，提高法务人员的工作积极性。

就培训而言，一些企业往往对法务人员的培训并不重视，在培训内容、经费、精力上投入不足，导致培训效率低。

就培训内容方面而言，企业不能以一些"心灵鸡汤""教条式"的培训来替代专业培训，应切实地为员工提供法务专业方面的培训课程。

就培训经费方面而言，应将其列入企业预算，预算应包括参加讲座经费、图书经费、参加课程经费等。如果公司确实对筹集经费有困难，可以采用"交叉培训"的方式，节约公司资源，实现资源的最大利用。具体来说，就是请法务人员互相培训、共享。在某领域有丰富经验和专长的法务人员可以为其他同事提供自己擅长领域的培训。而接受培训的法务人员也可以主动申请某一专题对其他员工进行培训。

就培训时间方面而言，公司应给予统一支持，如每月固定的一天或半天专门用于法务人员进行学习和培训。

公司还可以鼓励员工注重家庭与事业的平衡。在工作的同时也要享受生活，这样也会激励法务人员从心底为企业服务，创造更大的价值。

第三节 ｜ 企业法务的职责分类

一般来说，企业法务部门的主要职责有以下几种：提供法律咨询、出具法律意见书、参与商务谈判、管理企业知识产权、参与企业重大决策等。

3.1 提供法律咨询

所谓法律咨询，是指企业的法务部门对其他业务部门就经营活动中出现的法律问题进行解答的活动。包括其他业务部门的工作问题和公司领导交办的问题。有些时候，公司内的员工也会向法务人员就私人事务进行求助。法务人员应同样以热情负责的态度给予解答。这样做不但可以看作一次法制宣传，也能在员工心目中树立良好的法务人员形象，赢得公司员工的尊敬和喜爱。

一、法律咨询的特点

1. 广泛性。是指法律咨询的范围十分广泛，不仅涉及本企业的法务咨询，也涉及一切社会生活领域。

2. 时效性。通常法务咨询遇到的问题都是业务部门当下遇到的情况，具有很强的时效性。

3. 专业性。对于其他业务部门提出的法律问题，法务部门应做出专业回答。

二、法律咨询的流程

由于法务咨询具有时效性和广泛性的特点，因此部门之间的咨询流程不能过于烦琐，应快捷实用。对于口头咨询，可由其他业务部门人员直接向法务人员提出，再由法务部秘书依据各个法务人员的业务特长指派专人进行解答。当然，咨询的一方也可找自己熟悉的法务人员咨询。法务人员可就咨询者的问题进行当场口头解答，解答完毕后，应对咨询的问题和要点做出书面记录，以便必要时查阅。对于由书面形式提出的法律咨询，法务部应指派专人进行书面解答。

在解答时，一般只作要点式的解答，不必进行太详细的论证。回答的重点应放在"是什么"和"怎么做"上，不必把大量精力放在"为什么"上。此外，法务人员做出的解答还应该是简明扼要的，不宜长篇大论、泛泛而谈。语言风格应通俗易懂，以最能让对方理解的话语进行答复。

在做书面的解答时，应尽量阐述要点，不必作深入的理论论证，也不必将法律咨询的意见写成法律意见书。

三、出具法律意见书

所谓法律意见书，指的是法务人员在参与企业重大经营决策和重要经济活动的过程中，对经营决策和经济活动的相关问题，以书面的形式正式对企业领导提出意见和方案的文件。法律意见书属于法律咨询的一种形式，但更为正式。

如业务部门要求法务部门出具法律意见书，应先提出书面报告，或者由业务部门的负责人口头提出，并报送相关业务文件。所报送的材料应附有相应的合同草稿、谈判纪要等背景资料，以便法务人员能尽快了解情况。

出具的法律意见书在形式上为结论性法律文件。因此一般不需要做推理论证，只要做出结论即可。比如，公司设立是否合法、是否有效存续，合同是否合法、有效，主体资格是否符合法律要求等。总之，不需要进行详尽、严密的法律逻辑推理，只给出结论即可。

3.2 参与商务谈判

商务谈判指的是商务伙伴为了协调彼此间的合作关系，满足各自的商务需求，以协商对话的方式达成某项商务交易的过程和行为。在商务谈判中，企业内部的具体负责业务人员是谈判主体，而法务人员处在附属位置，应给予积极的配合。及时了解谈判对手的情况，掌握谈判进程，了解谈判分歧，从而给出合理的方案。必要时可以通过合法途径对相关问题（包括谈判对手的情况）进行调查，了解真实信息，从合法性的角度为公司防范风险，维护利益。

一、法务人员在商务谈判中的作用

1. 法务人员能有效把握谈判中涉及的法律风险

虽然参与谈判的业务人员也具有一定法律知识，但没有法务人员专业。谈判中有法务人员参加会把法律风险把握得更全面、更专业。

2. 法务人员能为谈判起到缓冲作用

当谈判中出现商务人员不便直接拒绝对方的时候，可把法务人员提供相关的法律规定作为理由，否定对方的建议，从而避免尴尬局面的出现。

3. 提高谈判的效率

有法务人员出席谈判，往往能提前把握谈判的过程，了解谈判的要点和谈判的背景。在审查合同时，也能更准确地注意到谈判中的风险点，使合同效率大大提高。

二、法务人员应做的准备

1. 熟悉谈判的基本情况

第一，法务人员应在谈判之前提前与主导谈判的业务部门进行沟通，熟悉谈判项目的基本情况。如有不了解、拿不准的技术问题，应及时请教相关人员，做足准备功课。

第二，对对方谈判的人员要有一定的了解，包括对方的性格特点、教育背景、职业生涯等。更好地把握对方的情况，才能做出更好的应对。

第三，了解本方代表的情况。

第四，提前准备好谈判中可能用到的材料，如文字、图表、数据等。

2. 规范自己的语言风格

作为谈判的从属人员，法务工作者应尽量发言简明、直达要害。具体来说有以下三点要求：其一，针对性要强，直击要害；其二，表达方式要婉转，容易被人接受；其三，学会灵活应变，恰当处理谈判中出现的突发问题。

3. 准备创造双赢

要想让谈判顺利地进行和圆满地结束，应努力为谈判双方创造双赢的条件。这就要求法务人员具体做到以下三点：

第一，不要过早下结论。

对谈判中出现的法律问题，不能过早下结论，应在充分考虑之后，做出慎重的结论。

第二，要充分发挥创造性。

法律并非一成不变的，尤其是在民商的法律领域，有非常多的选项可供选择。法务人员应充分发挥自己的创造力，解决遇到的困难，为企业谋取利益。

第三，让步和达成协议。

任何谈判的最终达成都需要一方或双方做出妥协和让步。因此，法务人员也应学会在适当的时候妥协让步，使谈判能顺利进行。

三、法务人员的一般工作流程

1. 接受委派，熟悉情况

当法务人员接受委派之后，就应着手准备谈判。在此期间，应充分地了解情况，如谈判事项、双方基本情况、谈判进程、双方分歧、谈判进程计划等。

2. 法律论证

法务人员还应对谈判中可能涉及的法律问题进行论证。对于一些重大谈判，在必要的情况下，还应组织讨论，对法律的可能性进行论证，并与公司的相关部门取得充分沟通。

3. 制订谈判方案

有时候，谈判就像一场演出，有其序幕、铺垫、高潮、结尾。因此，法务人员在谈判前应与业务部门人员充分沟通，共同制订谈判方案。如时间紧迫，法务人员应与公司人员口头沟通。

4. 谈判过程中对法律的把握

越是重大的谈判，所进行的谈判轮数就越多。因此，法务人员应在每次谈判之后，都对谈判过程中所涉及的新的法律问题进行论证，必要时还可调整方案，做好下次谈判的准备。

5. 合同文本的起草和审查

谈判结束之后，法务人员应依据分工对合同文本进行起草和审查。文本应严格按照谈判所定的内容起草，不得脱离谈判所制定的条款和内容。

6. 移交谈判记录，上交谈判总结

合同签订之后，参与谈判的法务人员应对谈判的过程进行记录和整理，随后归档以备复阅。对于重大谈判，法务人员还要撰写书面总结，回顾整个谈判过程，客观地评价谈判全程和结果。然后上交到法务部领导手中，以备归档查阅。

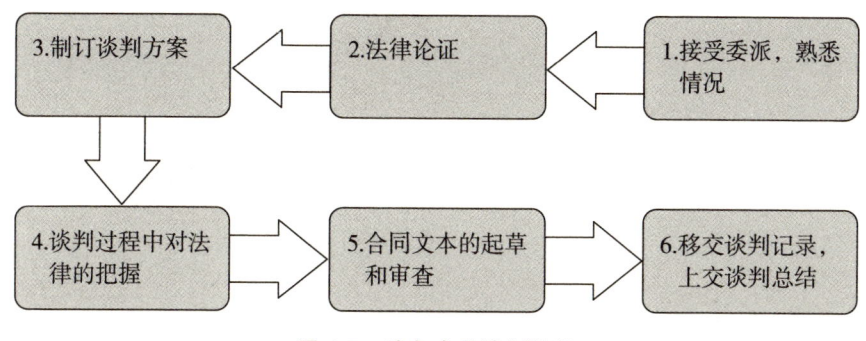

图 1.5 法务人员谈判流程

3.3 管理企业的无形资产

无形资产指的是企业所拥有或控制的不以实物形态而存在的、可辨认的非货币性资产。常见的无形资产包括以下几种：专利权、专有技术、土地使用权、租赁权、生产许可权、特许经营权、商标权、著作权、域名权等。

一、企业在无形资产管理中存在的普遍问题

1. 无形资产在静止的状态下遭到损害

近年来,公司关键技术失窃、产品侵权、价值受损的案件屡见不鲜。这与工业间谍的活动和频繁的人员流动有着直接关系。

2. 无形资产在处置过程当中受到损害

在无形资产的转让过程中,经常会出现被低估的情况,使得企业的利益受到损害。如被贱卖、处置收入贪污和截留等。

3. 无形资产在形成过程中受到损害

比如,在研发新产品、新技术过程中的浪费或"无用功",员工发表论文后葬送了专利前途,投入大量广告费用而未做商标注册等。

二、对无形资产应采取的保护措施

1. 强化无形资产的管理意识

在传统的观念中,只有有具体实物形态的资产才算"资产",这导致一些企业管理者忽视了无形资产的重要价值,进而不对无形资产进行有效的管理,使得企业的利益遭受巨大损失。

要改变这种现状,需要先改变这种错误的观念。法务人员应在企业中大力宣传无形资产对企业的重要性,使企业上下充分认识到无形资产的巨大价值,从而促进企业对无形资产的开发和运营。同时还可开展相关的法律科普教育,加深员工对无形资产的保护意识。

2. 建设有效的无形资产管理制度

现阶段,对于很多企业来说,无形资产管理还属于一种新鲜事物。不少企业没有建立相应的无形资产管理制度,或者有相关制度却不成系统,只有某几项制度。没有完整的管理制度,就无法对无形资产进行有效管理,更不能提升管理水平。只有建立一套健全可行的无形资产管理制度体系,才能让企业管理者有章可循,进而对员工起到规范和指导的作用。

3. 设置专门机构对无形资产进行管理

要想全面、综合、系统地对无形资产进行管理，企业还应成立一个对无形资产管理有相对独立话语权的专门机构。该管理机构应能独立完善各项管理制度，对整个管理过程有明确的管理办法，从而把无形资产的管理推向规范化、制度化。

与此同时，企业还应配备专门的无形资产管理人员。为无形资产涉及的财务、技术、管理、法律等专业领域配备专业的管理人员。还可通过培训提高无形资产管理人员的业务能力及管理水平。

4. 加快无形资产的可操作性、量化管理的建设

与有形资产相比，对无形资产的管理难在其"无形"上。具体来说，无论是对无形资产的入账、估值，还是对无形资产的处置，都没有一个标准的量化过程，因此在管理的过程中感到可操作性难度很大。

为此，企业应先将无形资产入账，对其进行账簿管理。然后企业要加强对无形资产价值的量化（计价）。最后建立适应无形资产的评估体系。这样才能确定对无形资产的投资价值，并为之后计算投资回报提供可靠依据。

5. 建立科学、有效的人力资源管理制度

一个完善、高效的人力资源管理制度可以为企业输送大量优秀人才。在对无形资产的管理中，优秀的管理人才能起着非常重要的作用。因此，要想管理好企业的无形资产，就要建立一套良好的人力资源管理制度。

此外，企业还可以制定相应的员工激励制度，使员工充分发挥潜能，避免核心员工流失和跳槽的情况出现，进而降低企业重要技术被带走的风险。

6. 重视对无形资产的评估

对无形资产进行评估，不仅能准确掌握企业无形资产的价值量，还能在评估过程中发现无形资产管理的机会和问题，进而为企业提高无形资产管理水平奠定坚实的基础。

具体来说，企业可聘请富有经验的评估专家，定期对评估小组成员实施培训。

制定一套可靠的评估标准和体系，为企业资产的保全、理顺价格提供基础条件，并为维护、协调资产所有者与经营者的权益提供基本依据。

3.4 对无形资产进行日常维护

一、无形资产的申请登记

无形资产的日常维护属于法务部门的工作范畴，一些无形资产需要到政府部门登记后才能得到有效保护。现阶段，我国需要进行申请登记的无形资产有：

1. 国有土地使用权，向土地所在的市、县国家管理部门登记。

2. 计算机软件，向中国版权保护中心申请登记。

3. 域名，域名后缀为".com"的，需向管理机构ICANN（互联网名称与数字地址分配机构）申请；后缀为".cn"的，需向CNNIC（中国互联网络信息中心）申请。如需注册其他域名需从决策管理机构找到经过其授权的顶级域名注册服务机构。

4. 商标，向国家商标总局申请登记。

5. 专利，向国家知识产权局申请登记。

值得注意的是，无形资产的商标权、专利权、土地使用权都有其特定的有效期。企业法务部应在有效期满之前，及时申请延期。

二、无形资产的使用

对无形资产的使用可分为以下三种情况：本企业使用自己的无形资产、本企业使用其他权利人的无形资产、其他企业使用本企业的无形资产。在不同的使用情况下，使用规定各有不同，具体如下：

1. 本企业使用自己的无形资产

①需依照规定取得相关领导的批准；

②需在企业规定的使用范围内使用；

③需明确使用期限。

2. 本企业使用其他权利人的无形资产

①对权利主体进行重点审查，确定对方是否为适格的权利主体；

②查询权利的有效期限。对即将到期的权利，不应再签订使用合同；

③查询权利的担保情况。对不能在官方机构查询的权利担保情况，应持存疑态度，如需交易，应请对方提供担保；

④明确权利的使用限制情况。主要包括时间、空间的限制使用情况；

⑤查询是否存在权利排他使用情况；

⑥查询对方所持有的权利是否存在第三方权利；

⑦如果对方是国有企业，应对所拟定的无形资产进行评估。依照国家相关规定，国有企业在使用无形资产前，应先由有资质的中介机构进行评估；

⑧审查使用的合同是否已被批准。包括本方和对方的合同是否均得到批准，在没有得到批准的情况下，不得签订正式合同。

3. 其他企业使用本企业的无形资产

①审核对方是否为适格的权利主体；

②明确权利的使用期限；

③与相关业务部门进行沟通，确定权利是否可给该使用人使用；

④审查是否有排他限制，避免引起纠纷；

⑤明确使用权限，不能授权给对方无限制地使用权限；

⑥使用合同应取得相关领导的批准，有些合同还必须取得政府主管部门的批准；

⑦如果是国有产权，应履行相关的使用手续。对需要评估的，应由相关有资质的中介机构进行评估，需要上报国资委批准的，应取得批准后签订正式合同。

三、无形资产的转让

1. 转出

①需按照规定履行相关批准手续；

②审查该转让的资产是否属于可转让的无形资产，一些无形资产是不能转让的；

③进行价值评估，评估的主体和程序应符合相关规定；

④对于需要挂牌交易的，应按照规定在产权交易所挂牌；

⑤转让合同需取得批准；

⑥如果属于国有产权，应履行相关的国有产权转让手续。

2. 转入

①严格按照规定履行批准手续；

②重点审查对方的无形资产是否属于可转让的资产；

③进行资产评估，包括评估的主体和程序应符合规定；

④转让合同需取得批准；

⑤如果属于国有产权，应履行相关的国有产权转让手续。

四、追究侵权行为

在企业面临各种无形资产的侵权行为时，一般会交由法务部门进行管理和追查，这也成为法务部门的日常工作之一。

1. 信息来源

通常企业的无形资产遭到侵权都是由本企业内部发现的。因此，为了保护企业的合法权益，应培养所有员工的主人翁意识，如发现有对企业的侵权行为，应及时上报。同时，企业也应制定相应的激励机制，鼓励全体员工和社会其他主体提供侵犯企业权益的信息。

2. 侵权行为的种类和方式

如今，侵犯企业权利的行为种类多种多样，所有民法上定义的侵权行为都有发生。

①侵犯企业的名称权，如假冒名称、故意使用类似名称误导受众等。

②侵犯企业商标权，如未被授权就使用企业商标、使用相近商标误导受众等。

③侵犯企业专利权，是指在未获得企业授权的情况下，非法利用本企业专利的行为。

④侵犯企业域名权，是指不法组织非法利用其他企业的域名的行为。

⑤影响网络安全，是指对企业网络进行篡改、攻击，甚至致使网络瘫痪，或非法进入企业内部网络盗取企业机密的行为。

⑥侵犯企业商誉，是指散布虚假信息或冒用其他企业名称进行非法经营活动，使企业的商誉受到损害。

⑦盗用企业开发的软件，一些不法分子会将企业所研发的软件稍作修改，然后以自己的名义使用或销售，进而获利。

⑧冒用企业领导人的名义进行招摇撞骗。一些社会不法人员会冒用企业领导人或领导人亲属好友的名义进行第三方欺骗，从中获得非法利益，使企业和企业领导人的名誉受到严重侵害。

3. 对侵权行为的追究方式

①谈判，多数侵权行为都可以通过谈判的方式解决。值得注意的是，受侵犯的企业要在谈判中坚持两个原则：一是对方应立即停止侵权行为；二是承担相应的侵权责任。

②投诉，向相关行政机关投诉，要求追究其侵权行为。

③起诉，向相关法院起诉，要求对方承担其安全责任。注意，起诉通常只应对重大侵权行为和对方是有实力的侵权者，否则本方耗费巨大精力却得不到足够的补偿，效果不理想。

④追究刑事责任，如果对方的侵权行为已经构成了刑事犯罪，那么应及时向公安机关报案，要求作为刑事案件处理。

4. 追究侵权行为的提起程序和处理

①立案，当业务部门发现侵权行为时，应及时向法务部反映。法务部认为情况基本属实且构成侵权行为的，应予以立案。

②调查，法务部可独自调查也可与业务部一起调查，必要时还可委托社会中介服务机构进行调查。

③提交调查报告，法务部调查结束后，需就结果提交调查报告。报告先经法务部经理审核，后上报法务总监。

④处理，法务总监可就案件的大小选择处理方式，在自己职权范围内的可直接决定处理方式，如需上报总经理或董事长决定的，则由法务总监直接上报。

⑤结案，法务部依照法务总监的处理意见进行处理，随后就结果撰写报告，上报法务总监。

3.5 参与企业的重大决策

企业的重大决策需有法务人员参加，这样不仅能保证决策的合法性和在法律上的可行性，还能为决策提供可靠的法律保证，防范商务风险。

一、注意事项

1. 把握参与时机

对法务人员来说，参与重大决策的时机应越早越好。这样可以更全面地掌握决策信息，提前做好准备。

2. 重大决策的参与方式

法务人员没有重大决策的决定权，只有参谋权。因此，作为参谋的法务人员应在企业领导咨询意见时，对领导的问题给予及时而明确的答复，并提供法律依据，进行法律上的比较分析。

此外，在提供意见的过程中，尽管领导没有提出直接的询问，但对关系到决策是否合法可行的重大法律问题，也应及时主动地提出意见。

法务人员还应注意到，针对问题和决策事项应提出较为全面的建议方案。在领导难以做出决定时，应予以分忧，提出解决问题的思路，不能轻易否决业务部门的意见。对于明显不符合规定，甚至会为企业带来巨大损失的决定，应勇于坚持自己的正确意见，为企业规避风险。

二、参与企业重大决策的途径

依据法务人员职务的不同，参与重大决策的方式也有所不同。总的来说共有两种方式：一是直接参与方式，二是间接参与方式。

1. 参与董事会

只有法务总监可以成为董事,进而参与到董事会中,直接在会议上发表自己的意见和看法,甚至可以行使否决权。

2. 参与董事会会议

一般情况下,如果法务总监不是董事,会列席董事会会议。在会议上可发表自己的意见和看法。

3. 作为高级管理人员参与重大决策

法务总监是企业的高级管理人员,在不召开董事会会议的情况下,可直接参与决策。

4. 参加重大决策会议

法务部经理和一般的法务人员可能会被邀请参与到重大决策会议中。在会议上,法务人员可提供相关的法律咨询和论证,为决策提供依据。

5. 文件审签制度

文件审签需要法务部给出建议,法务部人员可在此环节参与公司重大决议。

6. 专项规章制度

公司的一些专项规章制度中也会特别强调法律意见的作用,如投资管理制度、风险控制制度等,法务部可在这些制度中提出意见。

7. 出具书面法律意见,起草、修改、审核相关法律文件

虽然此种方式具有一定的间接性,但却是法务人员参与到重大决策中最普遍的方式。

第四节 ｜ 企业法务部的工具

4.1 风险管理工具

风险管理工具并不是一般概念下的工具，而是一个整体的、统一的概念，目的是降低不安全因素。

风险管理工具的实施流程一般为风险源分析、数据分析、风险评估、风险解决方案、解决方案实施、结果反馈。

4.2 案件管理工具

案件管理是企业法务部、法务员的基本工作之一。一套好的案件管理制度、案件管理流程能够大大降低企业在案件诉讼中的风险和案件成本。当然在案件管理过程中离不开各种案件管理工具的使用，这些工具使得案件管理更加简单化、系统化。

案件管理工具一般包括：法律事务管理系统、法律案件管理表格、各种案件管理软件。

4.3 合规分析工具

安全合规分析系统是指专业 IT 安全分析系统。系统能够在信息系统的生命周期的不同阶段，生成不同的安全合规手册。通过对信息的安全分析，再结合安全合规管理制度和相应的法律规定，以保证企业信息的安全合规性，从而完善企业信息安全合规管理体系。

4.4 专利检索工具

专利检索使得企业更加清楚世界专利的动态变化，可以有效避免重复开发与资金浪费。任何企业在申请专利前都要进行专利检索。不管是个人还是企业，都无法保证自己的专利技术就是独一无二的，都有可能与别人的想法相同。专利检索有效降低了企业在这方面的损失。

常用的专利检索工具包含：各国专利分类表、专利题录公报、专利文摘、专利公报、专利权人索引等工具书。

按照专利权人名称查找的步骤为：专利权人索引、查实专利权人名字或所属公司企业、查实专利名称、查找专利号、利用专利号查找专利说明书摘要。

按照专利分类查找的步骤为：查找专利名称、翻译成不同语言、依照字母顺序查找专利分类号、依照分类号查找专利号、依照专利号查找专利说明书摘要。

附录：企业法务工作表单

行政处罚听证申请书

_____：

　　你机关_____×听告字[20__]第____号____行政处罚听证告知书收悉。根据《中华人民共和国行政处罚法》第四十二条和《×××省____行政处罚听证程序规定》第____条的规定，我（单位）特申请举行听证，以便申辩理由，澄清事实。

　　此致

申请人　　　（盖章）

年　月　日

法定代表人证明书

　　____先生/女士，身份证号码：_____现任我单位_____职务，为法定代表人。

　　特此证明。

单位名称：

（印章）

年　月　日

附：法定代表人身份证明文件

法定代表人住址：_____电话：_____

行政复议申请书

申请人：名称：_____ 地址：_____ 电话：_____

法定代表人：姓名：_____ 职务：_____

委托代理人：姓名：_____ 性别：_____ 年龄：____

　　　　　　民族：____ 职务：_____ 工作单位：_____

　　　　　　住所：_____ 电话：_____

被申请人：名称：_____ 地址：_____ 电话：_____

法定代表人：姓名：_____ 职务：_____

案由：因对_____（单位）____年__月__日____号处理决定不服，申请复议。

申请复议的要求和理由：_____

此致

　　　　　　　　　　　　　　　　申请人：　　　　（盖章）

　　　　　　　　　　　　　　　　法定代表人：　　（签章）

　　　　　　　　　　　　　　　　　　年　月　日

附：本申请书副本____份。
　　原处理决定书____份。
　　其他证明文件____件。

注：申请复议的理由主要陈述原处理决定中事实不符，适用法律、法规不正确，处罚处理不当，程序违法等问题。

授权委托书

委托单位：＿＿＿＿＿＿＿＿＿＿

法定代表人：＿＿＿＿＿＿ 职务：＿＿＿＿＿＿

受委托人：姓名：＿＿＿＿ 职务：＿＿＿＿＿＿

工作单位：＿＿＿＿＿＿

姓名：＿＿＿＿ 职务：＿＿＿＿＿＿

工作单位：＿＿＿＿＿＿

现委托上列受委托人在我单位与＿＿＿＿＿＿因＿＿＿＿＿＿纠纷一案中，作为我方诉讼代理人。

代理人＿＿＿＿＿的代理权限为：

代理人＿＿＿＿＿的代理权限为：

委托单位： （盖章）

法定代表人： （签名或盖章）

年 月 日

民事起诉状

原告：_____

住所地：_____ 邮编：_____

法定代表人：_____ 职务：_____

被告：_____

住所地：_____ 邮编：_____

法定代表人：_____ 职务：_____

（注：被告有多个的一一列明）

诉讼请求：

（1）

（2）

（3）

事实与理由：_____

此致

____市_____人民法院

具状人：

年 月 日

注意事项：

第一，当事人的姓名、性别、年龄、民族、职业、工作单位和住所，法人或者其他组织的名称、住所和法定代表人或者主要负责人的姓名、职务。当事人的基本情况，应按原告、被告分别列出，原告无诉讼行为能力而由法定代表人起诉，或者由委托诉讼代理人代理诉讼的，应在原告之后说明诉讼代理人的姓名、性别、民族、职务、工作单位和住所。

第二，诉讼请求和所根据的事实与理由。这部分是起诉状的主要内容。诉讼请求必须具体、明确，该写的一定要写，因为其事关法院审查的范围。但千万不可不加思考地乱要求，如果无相应的证据来支持你的主张，势必遭到败诉的后果。

第三，证据和证据来源，证人姓名和住所。案件事实是否存在，需要证据证明。《民事诉讼法》规定了原告的举证责任。证据包括书证、物证、视听资料和其他证据，若系证人证言，须注明证人姓名和住所，以备人民法院查对证言和通知其出庭作证。

民事答辩状

答辩人_____因_____一案，提出答辩如下：

_____

_____

_____

此致

××人民法院

答辩人：

年　月　日

附：本答辩状副本　份

注意：

1. 本答辩状供公民对民事起诉提出答辩用，用钢笔或毛笔书写。

2. "答辩人"栏，应当写明姓名、性别、出生年月日、民族、籍贯、职业或工作单位和职务、住址等。

3. 答辩中有关举证事项，应具体写明证据和证据来源、证人姓名及其住址。

4. 答辩状副本份数，应按原告的人数提交。

民事上诉状

上诉人名称：_____

所在地址：_____

法定代表人（或主要负责人）姓名：_____ 职务：_____

电话：_____

被上诉人名称：_____

所在地址：_____

法定代表人（或代表人）姓名：_____ 职务：_____

电话：_____

上诉人因_____一案，不服_____人民法院____年__月__日（__）____字第____号____，现提出上诉。

上诉请求：

上诉理由：

此致

_____人民法院

上诉人：

年 月 日

附：本上诉状副本_____份

仲裁委托书

委托单位：_____

法定代表人：_____ 职务：_____

受委托人：_____

姓名：_____工作单位：_____联系地址：_____

职务：_____电话：_____邮编：_____

代理权限：

……

（提示：每一方当事人委托的仲裁代理人可以有两名以上，所有参加庭审的人员均应有有效的授权委托书）

兹委托上列受委托人在_____与_____因_____争议一案中，作为我方的仲裁代理人。

委托单位：　　　　（单位印章）

法定代表人：　　　　（签名或印章）

年　月　日

注：常见代理权限如下。

1. 代为提出、承认、变更、撤回、放弃仲裁请求；
2. 代为答辩，提出、承认、变更、撤回、放弃仲裁反请求；
3. 代为约定仲裁庭组成方式、选定仲裁员；
4. 参加开庭审理、陈述事实及意见并参加调查、质证活动；
5. 代为调解、和解；
6. 代为领取各种仲裁文书；
7. 其他授权（请注明具体内容）。

仲裁申请书

申请人：_____

住所：_____

电话：_____ 传真：_____

法定代表人：_____ 职务：_____

委托代理人：_____ 单位：_____

被申请人：_____

住所：_____

电话：_____ 传真：_____

法定代表人：_____ 职务：_____

委托代理人：_____ 单位：_____

仲裁请求：1.
    2.
    3.

事实与理由：

此致

_____仲裁委员会

         仲裁企业： （盖章）

         法定代表人： （签字）

           年 月 日

当事人提交证据材料清单

×仲 受字[ ]第 号

序号	名称	份数	页数	原件/复印件
1				
2				
3				
4				
5				
6				
7				
8				
9				
10				
11				
12				
13				
14				
15				
16				
17				
18				
19				

注：在规定期限内未预交仲裁/诉讼费的，按自动撤回仲裁申请处理，所交材料一律不予退还。

提交方（申请人、被申请人）：

提交人： 联系电话：

签收人： 签收时间：

合同／协议审查意见书

合同名称：

合同编号：

送审人：

送审时间：

一、合同基本情况：

二、合同存在的主要问题：

三、审查修改意见及法律根据：

四、其他：

以上意见，仅供参考。

　　　　　　　　　　　　　　　　　　_____有限公司

　　　　　　　　　　　　　　　　　　　　　法务部

　　　　　　　　　　　　　　　　　　　年　　月　　日

民事反诉状

（民事被告或刑事自诉案件被告人提起反诉用）

反诉人（本诉被告）

被反诉人（本诉原告）

反诉请求

事实与理由

证据和证据来源，证人姓名和住址

此致
_____人民法院

附：本反诉状副本__份

反诉人：

年　月　日

注：

1. 本反诉状供民事案件被告或刑事自诉案件被告人提起反诉用，用钢笔或毛笔书写。
2. 反诉人、被反诉人栏，应写明姓名或名称等基本情况。
3. 事实与理由部分的空格不够用时，可增加中页。
4. 反诉人署名栏，是公民的，应签名或盖章；是法人或其他组织的，应写明法人或其他组织全称，加盖单位公章。
5. 反诉状副本份数，应按被反诉人的人数提交。

劳动争议仲裁申请书

申请人:(写明姓名、性别、年龄、籍贯、现住址)

委托代理人:(写明姓名、性别、年龄、单位、职务)

被诉人:_____ 地址:_____

法定代表人(或主要负责人):(写明姓名、性别、年龄、职务)

请求事项:

事实和理由:(包括证据和证据来源、证人姓名和住址等情况)

此致

_____劳动争议仲裁委员会

            申诉人: (签名或盖章)

                年 月 日

            附:1.副本_____份

              2.物证_____件

              3.书证_____件

注:
1. 申诉书应用钢笔、毛笔书写或印刷。
2. 请求事项应简明扼要地写明具体要求。
3. 事实和理由部分空格不够用时,可用同样大小纸续加中页。
4. 申诉书副本份数,应按被诉人数提交。

劳动争议答辩状

答辩人：_____公司　　　住所地：_____

联系地址：_____　　　　法定代表人：_____

答辩人就贵会受理的劳动仲裁案_____（案号）×××诉求申请×××有限公司劳动争议仲裁一案提出如下答辩意见：

答辩意见举例参考：

一、仲裁无法律依据……

二、本案劳动争议不具有法律上的利害关系……

三、申诉人的仲裁请求已超过法定申诉时效……

……

综上所述，答辩人认为申诉人将答辩人追加为被诉人并提出的相关仲裁请求无事实与法律依据，特请求裁定予以驳回。

此致

_____市劳动争议仲裁委员会

答辩人：

年　月　日

附：证据和证据来源若干。

QIYE FALÜ GUANLI BIBEI
ZHIDU YU SHICAO

Chapter 2
企业法务相关法律制度

第一节 ｜ 劳动及用工制度

2015年秋天，金小姐毕业后来到了上海某连锁餐饮公司徐汇分店餐厅做见习经理。几个月后的某天，由于中午就餐高峰出现了店内断货状况，该店经理范某对金小姐大发脾气，命令当时只穿衬衫并处于经期的金小姐到冷库罚站，导致金小姐身体和心理遭到摧残。

上海某报记者得知此事后，刊出了金小姐的投诉信及记者调查附记。文章一经刊登，立即在社会上引起强烈反响。该连锁餐饮企业作为一家国际知名企业公然违反《中华人民共和国劳动法》（以下简称《劳动法》），对劳动者进行体罚，引起了大家的强烈抗议，此后，全国多家媒体对此事都做了跟踪报道。

当时，曾参与《劳动法》制定的权威人士针对此事发表了意见，其认为：该店经理的行为违反了《劳动法》第六十条、第九十九条，《中华人民共和国妇女权益保障法》第一条、第三十五条规定，并建议有关部门尽快做出处理。

随后，该连锁餐饮企业成立调查组对此事进行了调查，经过认真调查后，提出4条意见：一、原公司分店经理范某被免职；二、责成范某上门向金小姐赔礼道歉；三、在全国范围内对各分店召开员工大会；四、公司对此事引以为戒，切实遵守《劳动法》，维护职工的合法权益。

《劳动法》保障用人单位和劳动者的合法权利不受侵犯。该公司分店经理范某违反了《劳动法》与《中华人民共和国妇女权益保障法》的相关条例，受到了相应的处罚。

1.1 简述《劳动法》

一、概念

劳动法是资本主义发展到一定阶段所产生的法律，它是从民法中分离出来的法律，也是一部独立的法律。

劳动法是一种以调整劳动关系及与劳动关系密切相关的其他社会关系的法律，其核心内容是调整劳动关系。

我国《劳动法》的主要内容包括：劳动者的主要权利与义务；劳动就业的方针政策和录用职工的规定；劳动合同的签订、变更及基础程序的规定；集体合同的签订和执行办法；工作时间与休息时间的制度；劳动报酬的制度；劳动卫生与安全技术的规程等。

二、权利

《劳动法》所决定的权利可分为两种，即劳动者权利和用人单位权利。

1. 劳动者权利

①平等就业的权利。《劳动法》规定，凡具有劳动能力的公民，都享有平等就业的权利，也就是劳动者均拥有劳动就业权。

②选择职业的权利。《劳动法》规定，劳动者有权根据自己的意愿、身体素质、个人能力、志趣和爱好及市场信息等选择适合自己的职业，即劳动者拥有自由选择职业的权利。

③获取劳动薪酬的权利。《劳动法》规定，劳动者有权依照劳动合同及国家有关法律取得相应劳动薪酬的权利。

④获得劳动安全卫生保护的权利。《劳动法》规定，劳动者在劳动中享有生命安全和身体健康被保护的权利。

⑤享有休息的权利。国家规定了职工的工作时间和休假制度，并鼓励发展劳动者休息和休养的设施。

⑥享有社会保险和福利的权利。《劳动法》规定，劳动者享有社会保险和福

利的权利,即包括养老保险、医疗保险、工伤保险、失业保险、生育保险等在内的劳动保险和福利。

⑦接受职业技能培训的权利。我国《宪法》规定,公民有接受教育和培训的权利。教育包括普通教育和职业教育;职业技能培训是指对劳动者享有获得专门的职业培训的权利。

⑧提请劳动争议处理的权利。《劳动法》规定,当劳动者与用人单位发生劳动纠纷时,劳动者可享有提请劳动争议处理的权利。相关部门会依法就劳动纠纷进行处理,包括调解、仲裁、诉讼等。

⑨其他法律规定的权利。如依法享有参与民主管理的权利、依法解除劳动合同的权利、对违反劳动法的行为进行监督的权利等。

2. 用人单位权利

①依法建立和完善规章制度的权利。用人单位可依法建立组织或企业的规章制度,并进行完善。

②依据实际情况制定合理劳动定额的权利。当劳动关系双方建立劳动合同后,用人单位就获得了在一定范围内对劳动者的使用权,并且享有依据实际情况给劳动者制定合理的劳动定额的权利。一般情况下,劳动者应对用人单位制定的劳动定额予以完成。

③对劳动者进行职业技能考核的权利。用人单位有权对劳动者进行职业技能考核,并依据考核结果把劳动者安排在适当的工作岗位上。

④制定劳动安全操作规程的权利。用人单位有权依据劳动法所制定的劳动安全卫生标准,规定本单位的劳动保护制度,要求劳动者在劳动中必须严格遵守该操作规程。

⑤制定合法作息时间的权利。用人单位可依据本单位的具体情况,合法地对员工的工作时间进行规定和要求。

⑥制定劳动纪律和职业道德标准的权利。为了保证劳动能正常有序地进行,用人单位有权对劳动纪律和职业道德标准进行规定。

⑦其他权利。如提请劳动争议处理的权利，平等签订劳动合同的权利等。

三、基本原则

1. 基本原则

劳动既是公民的权利也是义务的原则；保护劳动者合法权益的原则；劳动力资源合理配置的原则。

2. 劳动是公民的权利

每一个具有劳动能力的公民都享有从事劳动的同等权利。

3. 劳动是公民的义务

这是劳动尚未普遍成为人们生活第一的现实和社会主义固有的反剥削性质所引申出的要求。

4. 保护劳动者合法权益的原则

①偏重保护和优先保护：劳动法在保护劳动关系双方的合法权益时，偏重于对处在弱者地位的劳动者的保护；

②平等保护：劳动法平等地保护全体劳动者的合法权益，对各类劳动者也进行平等的保护，对特殊劳动者群体进行特殊保护；

③全面保护：劳动者的合法权益，无论是存在于劳动关系的缔结前、缔结后还是终结后都被纳入保护范围中；

④基本保护：对劳动者的最低限度保护，也就是保护劳动者的基本权益。

5. 劳动力资源合理配置原则

①双重价值取向：对劳动力资源的宏观配置和微观配置进行规范，兼顾效率与公平双向价值取向；

②劳动力资源宏观配置：社会劳动力在全社会范围内各个用人单位之间的配置；

③劳动力资源的微观配置：处理好劳动者利益和劳动效率的关系。

1.2 订立劳动合同

劳动合同，指的是劳动者与用人单位之间确立劳动关系，在明确双方的权利与义务后签订的协议。如需对劳动合同进行变更，应遵循平等自愿、协商一致的原则，不得违反法律、法规的规定。劳动合同一经签订，就依法具有相应的法律约束力，当事人必须履行劳动合同中所约定的义务。

一、合同订立原则

依据《中华人民共和国劳动合同法》（以下简称《劳动合同法》）第三条的规定，订立劳动合同应当遵守以下几条原则：

1. 合法原则

劳动合同必须依法采取书面的形式订立。从而做到主体合法、内容合法、形式合法、程序合法。只有合法的劳动合同才具备相应的法律效力。如果劳动双方任何一方有不合法的行为，都将视为无效合同，不受法律承认和保护。

2. 协商一致原则

在合法的前提下，劳动合同的签订还必须在劳动者与用人单位双方协商一致的情况下进行，是双方"合意"的表现而不能是单方面的诉求结果。

3. 合同主体地位平等原则

在劳动合同的签订过程中，劳动关系双方的法律地位是平等的。劳动者与用人单位不能因各自性质的不同而处于不平等地位。同样，任何一方都不得威胁、强制命令对方。只有真正做到地位平等，才能使劳动合同具有公正性、合法性。

4. 等价有偿原则

劳动合同是一种双务有偿合同，劳动者需承担并完成用人单位分配的劳动任务，而用人单位则支付给劳动者一定的劳动报酬，并负责劳动者的保险金额。

二、合同内容

1. 必备条款

据我国《劳动法》第十九条规定，劳动合同的法定形式是书面形式，且必备以下七项：

①劳动合同期限

通常法律规定合同的期限有三种：固定期限、无固定期限和以完成一定工作任务为期限。

固定期限就是通常所设立以某段时间为劳动期限，如一年期限、三年期限等；无固定期限是指合同期限没有具体的时间约定，只对终止合同的条件进行了约定。通常在无特殊情况下，这种期限的合同要存续到劳动者的退休年龄；以完成一定工作任务为期限，是指用人单位规定劳动者完成某工作，工作完成劳动合同期限终止，如某劳务公司派遣一名员工完成某工作项目。三种合同期限的选择应由劳动者与用人单位在协商一致后选择，且依据双方的实际情况和需要进行约定。

②工作内容

在此必备条款中，劳动关系双方可以对工作的数量、质量、劳动者的工作岗位等内容进行约定。

③劳动保护和劳动条件

劳动双方还需就工作时间、休息休假的时间、劳动安全与卫生的措施、对女工等的保护措施、用人单位为不同岗位劳动者提供的劳动、工作必要条件等进行约定。

④劳动报酬

此必备条款用于约定劳动者的工资标准、加班工资、奖金、津贴、补贴的数额，以及支付时间和方式等。

⑤劳动纪律

此条款可引用用人单位所制定的规章制度，将用人单位的内部规章制度印制成册，以合同的附件形式加以简要约定。

⑥劳动合同终止的条件

值得注意的是，劳动双方不得将法律中所规定的可以解除合同的条件约定当作终止合同的条件，以避免出现用人单位本应在解除合同的时候支付经济补偿金而改为终止合同不予支付经济补偿金的情况。

⑦违反劳动合同的责任

通常来说，会对两种违约责任进行约定，第一种，一方违约赔偿给对方造成的经济损失，即赔偿损失的方式；第二种，对违约金的计算方法进行约定，采用违约金方式应当根据职工一方的承受能力来约定具体金额，避免出现有失公平的情形。

这里的违约并不是指一般性的违约，而是指非常严重的违约，会导致劳动合同无法继续履行，如职工违约离职、单位违法解除劳动者合同等。

2. 约定条款

依据法律相关规定，用人单位与劳动者订立的劳动合同除以上七项必备的条款外，还可以协商的形式约定其他内容。

这类约定条款的内容，通常是国家法律规定不明确，或者国家尚无法律规定约束的情况下，雇佣双方依据实际情况进行协商，进而约定一些随机性条款。比如，试用期的约定、保守用人单位商业机密的约定、企业内部的一些福利待遇、房屋的分配和购置等。

三、履行合同应遵循的原则

1. 亲自履行原则。合同是由劳动双方亲自设立、变更、终止的民事权利义务协议，因此在一般情况下必须由当事人亲自履行。

2. 全面履行原则。合同当事人应按照约定，全面履行应尽的义务。具体可包括以下几点：

①当事人对不能履行的部分应支付相应的违约金或赔偿金，从而代替履行义务；

②合同中所约定的全部义务都要履行，不得只履行一部分；

③必须按照合同中所约定的时间履行义务，不得自行随意更改；

④必须按照合同中所约定的地点、方式等履行义务，不得私自更改或增加对方的成本。

3.实际履行原则。当事人双方要遵循诚实守信的原则，依据合同的性质、目的和交易习惯等，履行通知、协助、保密等义务。用人单位变更名称、法人、主要负责人等事项时，对劳动合同的履行不造成影响。

1.3　解除劳动合同的法律责任

一、解除

劳动合同的解除有两种形式，一是双方解除，即当事人双方为了消除原有合同和制定新的合同；二是单方面解除合同，即当事人的一方通过法定解除权或约定解除权而解除合同，使合同失效。

1. 双方解除

根据《劳动法》第二十四条规定，经劳动合同当事人协商一致后，劳动合同可以解除。

2. 劳动者单方面解除劳动合同

根据《中华人民共和国劳动合同法实施条例》（以下简称《劳动合同法实施条例》）第十八条规定，凡具有下列情形之一者，可单方面解除合同：

（一）劳动者与用人单位协商一致的；

（二）劳动者提前30日以书面形式通知用人单位的；

（三）劳动者在试用期内提前3日通知用人单位的；

（四）用人单位未按照劳动合同约定提供劳动保护或者劳动条件的；

（五）用人单位未及时足额支付劳动报酬的；

（六）用人单位未依法为劳动者缴纳社会保险费的；

（七）用人单位的规章制度违反法律、法规的规定，损害劳动者权益的；

（八）用人单位以欺诈、胁迫的手段或者乘人之危，使劳动者在违背真实意思的情况下订立或者变更劳动合同的；

（九）用人单位在劳动合同中免除自己的法定责任、排除劳动者权利的；

（十）用人单位违反法律、行政法规强制性规定的；

（十一）用人单位以暴力、威胁或者非法限制人身自由的手段强迫劳动者劳动的；

（十二）用人单位违章指挥、强令冒险作业危及劳动者人身安全的；

（十三）法律、行政法规规定劳动者可以解除劳动合同的其他情形。

3.用人单位单方解除劳动合同的合法情形

据《劳动合同法实施条例》第十九条规定，具有以下情形之一的，依据劳动合同法规定的条件、程序，用人单位可以与劳动者解除固定期限劳动合同、无固定期限劳动合同或者以完成一定工作任务为期限的劳动合同：

（一）用人单位与劳动者协商一致的；

（二）劳动者在试用期间被证明不符合录用条件的；

（三）劳动者严重违反用人单位的规章制度的；

（四）劳动者严重失职，营私舞弊，给用人单位造成重大损害的；

（五）劳动者同时与其他用人单位建立劳动关系，对完成本单位的工作任务造成严重影响，或者经用人单位提出，拒不改正的；

（六）劳动者以欺诈、胁迫的手段或者乘人之危，使用人单位在违背真实意思的情况下订立或者变更劳动合同的；

（七）劳动者被依法追究刑事责任的；

（八）劳动者患病或者非因工负伤，在规定的医疗期满后不能从事原工作，也不能从事由用人单位另行安排的工作的；

（九）劳动者不能胜任工作，经过培训或者调整工作岗位，仍不能胜任工作的；

（十）劳动合同订立时所依据的客观情况发生重大变化，致使劳动合同无法履行，经用人单位与劳动者协商，未能就变更劳动合同内容达成协议的；

（十一）用人单位依照企业破产法规定进行重整的；

（十二）用人单位生产经营发生严重困难的；

（十三）企业转产、重大技术革新或者经营方式调整，经变更劳动合同后，仍需裁减人员的；

（十四）其他因劳动合同订立时所依据的客观经济情况发生重大变化，致使劳动合同无法履行的。

4.为保障劳动者的合法权益不受侵犯，据《劳动合同法》第四十二条规定，劳动者具有以下情形之一的，用人单位不得依据本法的第四十条、第四十一条规定解除劳动合同：

（一）从事接触职业病危害作业的劳动者未进行离岗前职业健康检查，或者疑似职业病病人在诊断或者医学观察期间的；

（二）在本单位患职业病或者因工负伤并被确认丧失或者部分丧失劳动能力的；

（三）患病或者非因工负伤，在规定的医疗期内的；

（四）女职工在孕期、产期、哺乳期的；

（五）在本单位连续工作满十五年，且距法定退休年龄不足五年的；

（六）法律、行政法规规定的其他情形。

二、终止

依据《劳动法》第二十三条规定，劳动合同期满或者当事人约定的劳动合同终止条件出现，劳动合同即行终止。据《劳动合同法》第四十四条规定，有以下情况之一的，劳动合同终止：

（一）劳动合同期满的；

（二）劳动者开始依法享受基本养老保险待遇的；

（三）劳动者死亡，或者被人民法院宣告死亡或者宣告失踪的；

（四）用人单位被依法宣告破产的；

（五）用人单位被吊销营业执照、责令关闭、撤销或者用人单位决定提前解散的；

（六）法律、行政法规规定的其他情形。

此外，据《劳动合同法实施条例》第二十一条规定，劳动者达到法定退休年龄的，劳动合同终止。

三、违约

违约情况可分两种，一是用人单位违约，二是劳动者违约。

1. 用人单位的违约责任。

依据《劳动合同法》第八十七条规定，用人单位如违反本法规定解除或者终止劳动合同的，应当依据本法第四十七条规定的经济补偿标准的二倍金额向劳动者支付赔偿金。

2. 劳动者的违约责任。

依据《劳动合同法实施条例》第二十六条规定，当用人单位与劳动者约定了服务期，劳动者依据《劳动合同法》第三十八条的规定对劳动合同进行解除，如不违反服务期的约定，那么用人单位不得要求劳动者支付违约金。

在用人单位与劳动者解除约定服务期的劳动合同时，如有下列情形之一，劳动者应按照劳动合同的约定向用人单位支付违约金：

（一）劳动者严重违反用人单位的规章制度的；

（二）劳动者严重失职，营私舞弊，给用人单位造成重大损害的；

（三）劳动者同时与其他用人单位建立劳动关系，对完成本单位的工作任务造成严重影响，或者经用人单位提出，拒不改正的；

（四）劳动者以欺诈、胁迫的手段或者乘人之危，使用人单位在违背真实意思的情况下订立或者变更劳动合同的；

（五）劳动者被依法追究刑事责任的。

第二节 | 企业财税制度

2.1 税收法律相关内容

一、税收法律的基本原则

1. 税收法定原则

税收法定原则是税法最基本的原则,也是税法三大原则中最基本的原则。

其含义可概括为：税法的所有构成要素都必须由法律予以明确规定；税法主体及其权利和义务都必须由法律予以确认；如果没有法律依据，国家就不能课赋和征收税收，国民也不得被要求缴纳税款。这是世界各国对税法普遍遵从的基本原则。

2. 税法公平原则

现代文明社会的公平原则涵盖了政治、经济、外交、法律等几乎所有社会层面。税收层级层面的公平原则主要是指税收负担在纳税人之间的合理、平等分配问题。

3. 税收效率原则

税收效率原则也是现代市场经济中各国普遍遵循的原则，其主要内容是通过合法途径降低征税、纳税成本，获得最大的税收利益。

二、税收法律的具体原则

所谓税收法律具体原则，又称税法适用原则，指的是税法解释和税收征缴等具体税收部门法律适用过程中应遵循的原则，主要有以下几点：

1. 实质课税原则

实质课税原则要求，在判断一项税法规范是否适用于某一特定情况时，除了要考虑是否符合税法规定的税收要素以外，还要根据实际情况，特别要根据是否有利经济发展来判断决定是否征税。

实质课税原则主张对纳税人的缴纳能力进行考察，从而确定纳税人的税负。

2. 诚信原则

诚信原则指的是征纳赋税的主体双方在履行各自义务时，要诚实、守信，不得违背对方的合理期待和信任，也不能以许诺错误为由而反悔。

3. 禁止类推适用原则

禁止类推适用原则要求，当税法存在漏洞时，要依据税收法定原则，不得以类推适用方法来弥补税法漏洞。也就是说，税法必须保持相对的稳定性，不得被随意解释、扩张或者类推。对于税法存在漏洞的情况，应由立法机关做出解释，不得由执法机关类推解决。

4. 禁止溯及课税原则

禁止溯及课税原则，是指新颁布实施的税收实体法只对其生效后所发生的应税事实或税收法律行为产生效力，而不对其生效前发生的应税事实或税收法律行为溯及课税。

表 2.1　税收法律的原则

税收法律的基本原则	税收法定原则
	税法公平原则
	税收效率原则
税收法律的具体原则	实质课税原则
	诚信原则
	禁止类推适用原则
	禁止溯及课税原则

三、税收法律的弹性

无论是积极活动还是纳税人的经营方式，都是复杂多变的。因此，当国家对纳税人的经营活动征税时，就应制定能够应对复杂经济活动的税收制度，也就是要求税收法律应具有一定的弹性，使税收能顺利完成。这种弹性主要有以下几种形式：

1. 纳税人定义上的弹性

当法律对纳税人进行界定时，理论和实际往往存在较大差别。这是因为，纳税人的定义有变通性，对特定的纳税人实施特定税收。当纳税人可以证明自己不是某种税收的纳税人时，自然就不用缴纳这种税收了。

2. 征税范围的弹性

税法往往难以对征税范围进行准确界定。虽然从理论上来说，企业应纳的税应为该企业收入的总额减去准予扣除项目金额，但是，从准予扣除项目金额来看，税法只能做出一系列比较抽象的界定，纳税者完全可以通过合理、合法的技术处理，使征税对象游离于征税范围之外，或者将高税收范围控制在低税收范围之内，从而少纳税或者不纳税。

3. 计税依据的弹性

税额的计算主要取决于以下两个因素，一是课税对象金额，即计税依据；二是适用税率。当纳税人想方设法对计税依据进行缩小时，其纳税的税额也可能随之减小。

4. 税率的弹性

当课税对象的金额固定时，税率与税额成正比。当纳税人想方设法将自己的税率降低时，其税额也会降低。

5. 应纳税种的弹性

从理论上来说，一个具体的涉税行为应缴纳的税种、税率、征税范围是确定的。但税法也规定，当纳税人存在混合销售行为时，如果他的销售额小于全部营业额 50%，则应征收营业税；当其销售额大于全部营业额 50% 时，应征收增值税。因此，纳税人可以通过控制营销额来选择应纳税的税种。

2.2 增值税

增值税是以商品（含应税劳务）在流转过程中产生的增值额作为计税依据而

征收的一种流转税。

一、类型

依据对外购固定资产所含税金扣除方式的不同形式，可将增值税分为以下三种：

1. 生产型增值税

生产型增值税是指在征收增值税时，只能扣除属于非固定资产项目的那部分生产资料的税款，不得扣除固定资产价值中所包含的税款。由于此类增值税的征税对象基本相当于国民生产总值，所以也称为生产型增值税。

2. 收入型增值税

收入型增值税是指在征收增值税时，只得扣除固定资产折旧部分所含的税款，对未折旧部分不能计入扣除项目金额。该类增值税的征税对象基本相当于国民收入，故而也称为收入型增值税。

3. 消费型增值税

消费型增值税是指在征收增值税时，可以将固定资产价值中所含的税款全部一次性扣除。如此，对整个社会来说，生产资料都应排除在征税范围之外。此类型的增值税征税对象就相当于社会消费资料的价值，故而称为消费型增值税。我国从 2009 年 1 月 1 日起，在全国所有地区实施消费型增值税。

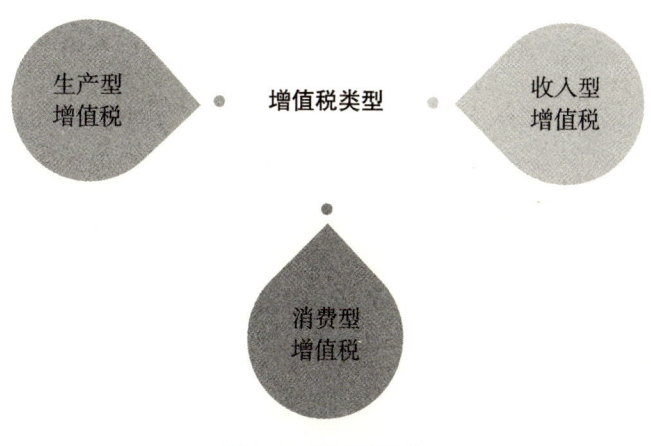

图 2.1 增值税类型

二、征收范围

1. 一般范围

增值税的征税范围包括销售（包括进口）货物，提供加工及修理修配劳务。

2. 特殊项目

①货物期货（商品期货和贵金属期货也包括在内）；货物期货交VAT，在实物交割环节纳税；

②银行对金银的销售业务；

③典当业对死当物品的销售业务；

④寄售业对委托人寄售物品的销售业务；

⑤集邮商品的生产、调拨及邮政部门以外的其他单位和个人销售集邮商品的业务。

3. 特殊行为

以下八种行为也在增值税法中视为销售货物，均需征收增值税：

①把货物交到他人手中，进行代销；

②代替他人销售货物；

③把货物从一地运送到另一地（同一县市除外）；

④把自产或委托加工的货物用于非应税项目；

⑤把自产、委托加工或购买的货物当作对其他单位的投资；

⑥把自产、委托加工或购买的货物分配给股东或投资者；

⑦把自产、委托加工的货物用于职工福利或个人消费；

⑧把自产、委托加工或购买的货物无偿送给他人。

三、纳税对象

1. 一般纳税人

①生产货物或者提供应税劳务的纳税人，以及以生产货物或者提供应税劳务为主（纳税人的货物生产或者提供应税劳务的年销售额占应税销售额的比重在50%以上）并兼营货物批发或者零售的纳税人，年应税销售额超过50

万元的；

②从事货物批发或者零售经营，年应税销售额超过 80 万元的。

2. 小规模纳税人

①从事货物生产或者提供应税劳务的纳税人，以及以从事货物生产或者提供应税劳务为主（纳税人的货物生产或者提供劳务的年销售额占年应税销售额的比重在 50% 以上），并兼营货物批发或者零售的纳税人，年应税销售额在 50 万元以下（含本数）的；

②除上述规定外的纳税人，年应税销售额在 80 万元以下（含本数）的。

四、免征范围

依据《中华人民共和国增值税暂行条例》第十五条规定，下列七个项目免征增值税：

1. 农业生产者销售的自产农产品；

2. 避孕药品和用具；

3. 古旧图书；

4. 直接应用于科学研究、科学试验和教学的进口仪器或设备；

5. 外国政府、国际组织无偿援助的进口物资和设备；

6. 由残疾人的组织直接进口的供残疾人使用的物品；

7. 销售的自己使用过的物品。

五、税率和征收率

1. 税率

2018 年，国家调整增值税税率，一般纳税人所适用的税率有：16%、10%、6%、0% 等。

①适用 16% 税率

销售货物或者提供加工、修理修配劳务以及进口货物；有形动产租赁服务。

②适用 10% 税率

交通运输业服务；

包括农产品（含粮食）、自来水、暖气、石油液化气、天然气、食用植物油、冷气、热水、煤气、居民用煤炭制品、食用盐、农机、饲料、农药、农膜、化肥、沼气、二甲醚、图书、报纸、杂志、音像制品、电子出版物。

③适用 6% 税率

现代服务业服务（有形动产租赁服务除外）。

④适用 0% 税率

出口货物等特殊业务。

2. 征收率

小规模纳税人的征收率为 3%。

六、应纳税额

1. 一般纳税人

计算公式为：应纳税额 = 当期销项税额 − 当期进项税额

销项税额 = 销售额 × 税率

销售额 = 含税销售额 ÷（1+ 税率）

销项税额：是指纳税人提供应税服务按照销售额和增值税税率计算的增值税额。

进项税额：是指纳税人购进货物或者接受加工修理修配劳务和应税服务，支付或者负担的增值税税额。

基本示例

某公司 5 月购买甲产品支付货款 10000 元，增值税进项税额 1600 元，取得增值税专用发票。销售甲产品含税销售额为 23200 元。

进项税额 =1600 元

销项税额 =23400 ÷（1+16%）× 16%=3227.59 元

应纳税额 =3227.59−1600=1627.59 元

2. 小规模纳税人

应纳税额 = 销售额 × 征收率

销售额 = 含税销售额 ÷（1+ 征收率）

七、起征点

当个人提供应税服务的销售额未达到增值税起征点时，免征增值税；达到起征点的，应全额计算缴纳增值税。增值税起征点并不适用于被认定为一般纳税人的个体工商户。

按期纳税的，为月应税销售额 5000—20000 元（含本数）。

按次纳税的，为每次（日）销售额 300—500 元（含本数）。

2.3　企业和个人所得税

一、企业所得税

企业所得税是就我国内资企业和经营单位的生产经营所得和其他所得征收的一种税。

1. 纳税人

纳税人指的是所有实行独立经济核算的中华人民共和国境内的内资企业或其他组织，具体来说，包括以下六类：

国有企业、集体企业、私营企业、联营企业、股份制企业、有生产经营所得和其他所得的其他组织。

值得注意的是，所谓企业指的是依据国家规定注册、登记的企业；有生产经营所得和其他所得的其他组织，指的是经过国家相关部门批准，依法注册、登记的，有生产经营所得和其他所得的事业单位、社会团体等组织。

个人独资企业、合伙企业不适用本法，此两类企业征收个人所得税即可，避免出现重复征税的情况。

2. 中国税率

依据《中华人民共和国企业所得税暂行条例》的规定，一般企业所得税的税率为 25%。

企业应纳所得税额 = 当期应纳税所得额 × 适用税率

应纳税所得额 = 收入总额 − 准予扣除项目金额

根据财政部 2018 年新规定，对年应纳税所得额低于 100 万元的小型微利企业，减按 50% 计入应纳税所得额，按 20% 的税率缴纳企业所得税。

对于国家重点扶持的高新技术企业，以减按 15% 的税率征收企业所得税。

在税收减免之后，本土公司税率中位数为 20%，而跨国公司为 18%。

二、个人所得税

个人所得税指的是国家对本国公民、居住在本国境内的个人的所得和境外个人来源于本国的所得征收的一种税。

1. 法定对象

我国个人所得税的纳税义务人是在中国境内居住有所得的人，以及并不在中国境内居住而从中国境内获取所得的个人，包括中国国内公民、在华取得所得的外籍人员和港、澳、台同胞。

①居民纳税义务人

在中国境内有住所，或者无住所而在境内居住满一年的个人，是居民纳税义务人，应承担无限纳税义务，即就其在中国境内和境外取得的所得，依法缴纳个人所得税。

②非居民纳税义务人

在中国境内无住所又不居住或者无住所而在境内居住不满一年的个人，是非居民纳税义务人，应承担有限纳税义务，仅就其从中国境内取得的所得，依法缴纳个人所得税。

2. 征税内容

征税内容包括以下几个方面：工资、薪酬所得；个体工商户的生产、经营所得；对企事业单位的承包经营、承租经营所得；劳务报酬所得；稿酬所得；特许权使用费所得；利息、股息、红利所得；财产租赁所得；财产转让所得；偶然所得；其他所得。

下面就不太常见的几种征税内容进行说明：

①特许权使用费所得，指的是个人提供专利权、著作权、商标权、非专利技术以及其他特许权的使用权而取得的所得。

②稿酬所得，指的是个人因其作品以图书、报纸等传媒形式出版、发表而取得的所得。这里的"作品"，包括中外文字、图片、乐谱等能以图书、报刊方式出版、发表的作品。

③偶然所得，指的是个人取得的所得是非经常性的，是各种机遇性的所得，主要包括得奖、中奖、中彩以及其他偶然性质的所得。个人购买的社会福利有奖募捐奖券、中国体育彩票，一次中奖收入不超过一万元的，免征个人所得税，超过一万元的，应以全额按偶然所得项目计税标准缴税。

3. 适用税率

个人所得税还要根据不同的征税项目，分别以三种不同的税率进行征收：

①工资、薪金所得，以七级超额累进税率，按月应纳税所得额计算征税。

②个体工商户的生产、经营所得和对企事业单位的承包经营、承租经营所得，按五级超额累进税率。

③比例税率。对个人的稿酬所得，劳务报酬所得，利息、股息、红利所得，特许权使用费所得，财产租赁所得，财产转让所得，偶然所得和其他所得，按次计算征收个人所得税，适用 20% 的税率。

附录：劳动关系管理工作表单

劳动合同续订通知书

姓名		职务		级别	
部门		合同期限			

根据《劳动合同法》第_____条之规定，特提前30日通知你，于____年__月__日前续订劳动合同。

是否续签	是_____ 否_____		
员工签名/日期		公司盖章/日期	

此联公司留存

劳动合同续订通知书

姓名		职务		级别	
部门		合同期限			

根据《劳动合同法》第_____条之规定，特提前30日通知你，于____年__月__日前续订劳动合同。

是否续签	是_____ 否_____		
员工签名/日期		公司盖章/日期	

此联员工留存

劳动合同终止通知书

姓名		职务		级别	
部门		合同期限			

按照《劳动合同法》_____之规定，提前30日通知您，公司不再与您续签合同。

员工签名/日期		公司盖章/日期	

此联公司留存

劳动合同终止通知书

姓名		职务		级别	
部门			合同期限		

按照《劳动合同法》_____之规定，提前 30 日通知您，公司不再与您续签合同。

员工签名/日期		公司盖章/日期	

此联员工留存

终止（解除）劳动合同证明书

存根第　　号

本单位与_____同志签订的劳动合同，依据_____，于_____年___月___日终止（解除）劳动合同关系。

经办人：　　　　年　月　日

终止（解除）劳动合同证明书

本单位与_____同志签订的劳动合同，依据_____，于_____年___月___日终止（解除）劳动合同关系。

（单位盖章）：

（存入职工档案）

年　月　日

终止（解除）劳动合同证明书

_____同志：

本单位与你签订的劳动合同，依据_____，于_____年___月___日终止（解除）劳动合同关系。如无接收单位，请于终止（解除）劳动合同之日起 30 日内到本人户口所在街道（镇）劳动部门办理求职登记手续。

（单位盖章）：

年　月　日

员工离职协议书

甲方（员工）	
乙方（公司）	

离职协议

甲方于____年__月__日正式离职，经双方协商，达成如下离职协议：

1. 乙方一次性补偿甲方下列费用：（合计：_____元）

    A：工资：_____元（RMB）；

    B：其他：_____元（RMB）。

2. 甲方同意并遵守下列约定：

    A：在离职后严格遵守与公司签订的《知识产权、保密及竞业禁止协议》；

    B：离职后任何时候甲方放弃对乙方的任何索赔；

    C：离职后任何时候甲方不得以乙方的名义或打着乙方旗号从事任何经营活动。

3. 甲方违约责任：

    A：如甲方违背第2条的任何条款，甲方应赔偿乙方因甲方原因造成的所有损失（以乙方或第三方评估值计算）；

    B：根据甲方违约严重性质，乙方保留提起诉讼的权力。

4. 甲方声明：**本人已认真阅读、充分理解该协议及协议中的所有内容。**

其他约定

员工签名		日期	
公司签章		日期	

员工离职交接单

编号：

序号	移交工作或物品名称	单位	数量	移交时间	备注
1					
2					
3					
4					
5					
6					
7					
8					
9					
10					
11					
12					
13					
14					
15					
16					
17					
18					

移交人：　　　　　　监交人：　　　　　　接收人：
日　期：　　　　　　日　期：　　　　　　日　期：

感谢您在公司工作期间所作出的贡献，公司尊重您的离职选择，并祝愿您在新的工作中取得更大的成绩！

请站好最后一班岗，将工作接力棒准确、完整地交给您的接替者，并按规定办好各项离职手续。

离职审批表

姓名		部门		职务		级别	
入职日期		劳动合同终止日期					
离职原因	签名： 日期：						
本部门意见				分管领导意见			

工作移交情况 （请按以下顺序，认真办理相关离职手续）		备 注
本部门	签名： 日期：	工作交接情况等
行政部门	签名： 日期：	物品交接情况等
财务部门 （库管）		各货物是否交接
财务部门 （现金）	签名： 日期：	各款项是否结清
人事部	签名： 日期：	人事档案\保险\考勤情况
备 注		
正式离职日期		离职人签名

注：

1. 本表格空间不足可增加附页。

2. 感谢您在公司工作期间所作出的贡献，公司尊重您的离职选择，并祝愿您在新的工作中取得更大的成绩！

请站好最后一班岗，将工作接力棒准确、完整地交给您的接替者，并按规定办好各项离职手续。

QIYE FALÜ GUANLI BIBEI
ZHIDU YU SHICAO

Chapter 3
合同管理业务实操

第一节 ｜ 什么是合同管理

2009年8月，西南某知名制药企业宣布该企业第二大股权持有企业某公司拟退出股权优势地位。同年9月，该制药企业与持股公司代表人签订了股份转让协议，以每股33元人民币的价格受让给了该公司所持有的所有制药企业法人股，共计6000余万股，总金额超过20亿元。

但是，在签订合同时，该制药企业并未对转让协议中的"股份转让协议自签订之日起生效，但须获得国务院国有资产监督管理机构审核批准后方能实施"这一项附加条款引起足够重视，为这笔交易埋下了隐患。

此后两年，该制药企业眼看着自身股价持续上涨，却得不到股权的交割。终于是在2013年2月向人民法院提起了诉讼。2014年7月23日，人民法院终审判决持股公司在十日之内返还该公司20多亿元本金及利息，但驳回了该公司的其他诉讼要求。

这笔20多亿元的巨额投资，账面盈利以10亿元计，但最终换来的却是5年的低利息贷款收息，原因就在于合同出现了问题。

该交易中制药企业代表人曾表示"整个收购过程，我们只跟对方见了一面，只花了10分钟的时间去读股权转让协议，觉得没有问题便叫老总签字了"。面对如此重要的合同，企业过于草率和大意，只用了10分钟，既没有律师对合同进行审核，更谈不上经过了什么合同管理流程。

如果该制药公司能建立明确的合同管理制度，并按照相关的流程和制度办事，回购自己的股权，很可能就避免了相关隐患。

1.1 合同管理的含义

合同管理是当事人双方或数方确定各自权利和义务关系的协议。虽然不等同于法律,但依法成立的合同同样具有法律约束力。

合同管理主要是指项目管理人员依据合同进行工程项目的监督和言理,是法学、经济学理论和管理科学在组织实施合同中的具体运用。

合同管理的全程由洽谈、草拟、签订、生效开始,直到合同失效为止。在此过程中,不仅要重视签订前的管理,更要重视签订后的管理。其系统性体现在,凡是涉及合同条款内容的各部门都要一起来管理。其动态性体现在,管理者要把控履约全过程的情况变化,特别是要掌握对自己不利的变化,及时对合同做出修改、变更、补充或者中止和终止。

在项目管理中,合同管理还是一个比较新的管理职能。在国外,从20世纪70年代初开始,随着工程项目管理理论研究和实际经验的不断丰富和积累,人们越发重视对合同管理的研究。在一些发达国家,80年代前,人们较多地从法律方面研究合同;到了80年代,人们较多地研究合同事务管理;80年代中期之后,人们开始更多地从项目管理的角度对合同管理问题进行研究。近十几年以来,合同管理已成为工程项目管理的一个重要的分支领域和研究的热点。随着人们对合同管理的研究,项目管理的理论研究和实际应用被推向了新的发展阶段。

1.2 合同管理的主体

一、合同主体的含义

1. 合同主体的双方或多方在法律地位上是互相平等的。
2. 范围包含自然人、法人和其他组织。

因合同主体的平等要求,合同法的使用对象就不包括管理和被管理关系之间签订的协议，如劳动合同和一些有关身份关系的协议，如婚姻、收养、监护等。

二、合同主体的范围

1. 自然人，既包括本国的公民，也包括外国人及无国籍人。以民事行为能力来划分，自然人可分为无民事行为能力人、限制民事行为能力人和完全民事行为能力人。无民事行为能力的人可以作为合同主体，但其本人不得独立签订合同，需由法定代理人代为签订；限制民事行为能力的人可以签署与其本人年龄智力相适应的合同，对于那些超出本人年龄和智力的合同，需由法定代理人代为签订；具有完全民事行为能力的人可以独立签订合同。

2. 法人，指的是具有民事权利能力和民事行为能力，并依法独立享有民事权利和承担民事义务的组织。主要包括企业法人、机关、事业单位法人等。

3. 其他组织，指的是除了自然人和法人之外的单位或者机构。主要有以下几种形式：

①依法登记领取营业执照的个人独资企业；

②依法登记领取营业执照的合伙企业；

③依法登记领取我国营业执照的中外合作经营企业、外资企业；

④依法成立的社会团体的分支机构、代表机构；

⑤依法设立并领取营业执照的法人的分支机构；

⑥依法设立并领取营业执照的商业银行、政策性银行和非银行金融机构的分支机构；

⑦经依法登记领取营业执照的乡镇企业、街道企业；

⑧其他符合本条规定条件的组织。

三、合同生效的条件

1. 合同主体必须合格，否则该合同不能产生法律效力。具体来说，是指合同的当事人必须具有相应的民事权利能力、民事行为能力和缔约能力，否则不能成为合格的合同主体。

2. 合同的签订需合同当事人表达真实的意愿，但当事人的意愿是否真实往往难以从外部判断，法律一般不会主动干预。因此，当合同不能体现当事人的真实意愿时，也并不一定导致合同无效。

3. 合同不得违反法律或社会公共利益，否则合同无效。这体现了两层含义：合同的内容要合法，即合同条款中所约定权利、义务和指向的对象等应符合法律的规定和社会公众的利益要求；合同的目的要合法，即当事人缔约的原因要合法，不能以合法的方式达到非法目的。

4. 必须具备法律、法规所规定的合同生效必备的形式要件。形式要件指的是法律、法规对合同形式上的一系列要求。通常来说，形式要件不是合同的生效要件，但当法律、法规将其规定为合同的生效条件时，便成为合同的生效要件之一。如不能具备这些形式要件，那么合同就不能生效，法律另有规定的除外。

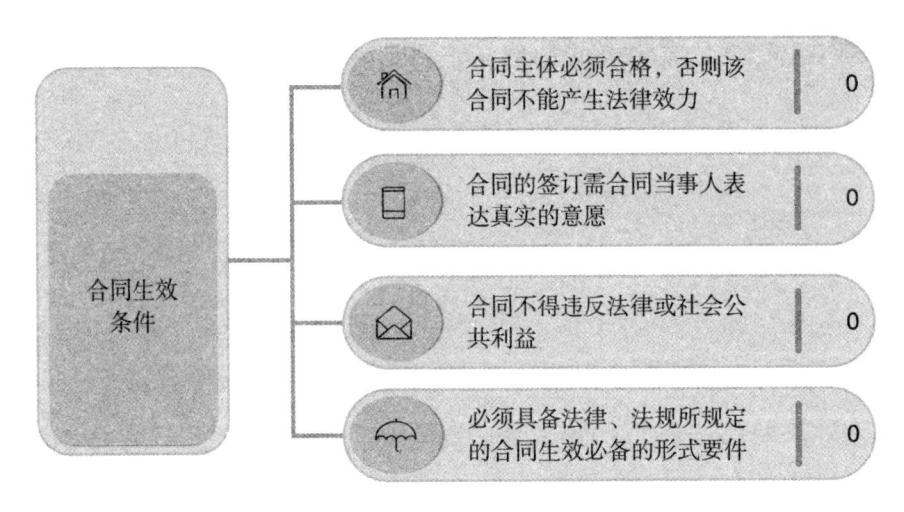

图 3.1　合同生效条件示意图

1.3　合同管理的必备要素

《中华人民共和国合同法》（以下简称《合同法》）规定，合同的基本要素包括：

1. 当事人的名称或者姓名和住所；

2. 标的（交易的物品）；

3. 数量；

4. 质量；

5. 价款或者报酬；

6. 履行期限、地点和方式；

7. 违约责任；

8. 解决争议的方法。

以下我们就各项必备要素进行具体讲解。

一、当事人的名称或者姓名和住所

对合同主体的审核：

1. 合同当事人情况：首先，对合同当事人是否具备合格主体的资格进行审核。一方面，涉及专营、专控的业务必须由专业公司经营或经特别批准后经营；另一方面，一些工作要求公司或人员必须具备相应的资质等级才能进行。

2. 双方当事人名称准确，如合同上面为企业的名称，下面应加盖企业的公章或合同专用章。

二、标的

标的指的是合同当事人双方权利和义务所共同指向的对象。它可以是"物"，如买卖合同中涉及的手机、房屋等，也可以是"行为"（包括"不行为"）。"行为"，如运输合同、保管、劳务等。举例来说，某男子到邮局寄了一封信，邮局就有义务"按时把信件投送到指定的收信人手中"。这里的"按时把信件投送到指定的收信人手中"就是该男子和邮局之间的合同标的，它是一种"行为"。所谓"不行为"就是以合同的形式让对方不做某行为。比如，甲租用乙的承包地一年，乙同意"一年内不在这块地上种庄稼"。那么，这就是甲花钱买乙的"不行为"。

标的违法指的是合同中的标的物为国家法律、法规所明令禁止流通或限制流通的物品。比如，毒品是国家明令禁止流通的；烟草制品必须由烟草专卖的企业进行经营。如违反这一规定，那么国家不仅会认定合同无效，还会依法追究相关人员的法律责任。

三、数量，质量，价款或报酬，履行期限、地点和方式

在合同中，这四类交易性条款有非常重要的作用。合同不但要能保证实现企业的目的，还要注意其内容是否有违法的风险存在，如质量标准未达到国家相关产品质量法律法规要求。

合同的履行期限、地点和方式也要引起足够的重视。我国《合同法》规定，标的物的所有权自交付起转移，法律另有规定或当事人另有约定的情况除外。

四、违约责任

违约责任指的是合同当事人因违反合同约定的义务而应承担的法律后果。在我国现行《合同法》中规定，违约责任所实行的是无过错责任的归责原则，简单来说就是只要存在违约事实就应承担违约责任。此外，对于合同双方自行约定的违约金，《合同法》也作出了适当性的规定，从而限制违约风险的无限扩大。

五、解决争议的方法

我国《合同法》规定，当事人可以通过和解、调解来解决合同争议，还可以根据仲裁协议或条款向仲裁机构申请仲裁。如果没有订立仲裁协议或者仲裁协议无效的，还可以向人民法院起诉。因此，企业应依法选择既有利于解决争议又能保护自身利益的合同争议解决办法。

第二节 ┃ 合同管理的制度流程

2.1 合同起草

起草一份合同需要考虑以下几个方面：

一、准备工作

1. 列出各项合同交易的要点，如合同的清单、目录、概述，从而对合同的重点问题做到心中有数。

2. 考虑将来可能发生的情况。一份优秀的合同不仅能预见许多未来可能发生的情况，而且还能清楚地描述出发生这些情况后合同双方的立场及解决办法。可以向相关的专业部门了解情况，从而帮助自己发现一些未考虑到的问题。

3. 查阅类似的合同，做好参照和对比。

4. 从书本、光盘或网络上搜索类似的典型合同范本。使用这些范本不仅可以节省时间，还能大大避免打印错误的问题出现。但不能完全照抄范本，应对不符合实际情况的条款和措辞进行修改。

二、具体操作

1. 从简单、典型的合同入手，先建立一个基本框架。

2. 在合同的首段写清双方的名称。这是一个简单又非常重要的问题，如果对方是个人，就要写清对方的姓名及身份信息；如对方是法人，为避免出现错误，可在写名称之前到公司注册地的工商管理部门核对信息。

3. 确定双方的别称或简称。通常会在合同的首段明确，如将某公司简称为"甲方"。

4. 要谨慎使用法定术语作为双方当事人的别称或简称。除非当事人的一方在法定上是承包人，否则不得以"承包人"作为其别称。同理，除非一方的当事人成为法律意义上的代理人，否则不得称其为"代理人"。如果坚持要用，应在合同中明确代理范围，避免后续产生争议。

5. 在合同的第一段，要为后面"签约时间"留下空白位置。

6. 规范书写引述语。使读者（通常为合同双方、法官、仲裁员等）快速了解到合同的主要内容、双方当事人及其签署合同的原因等。

7. 对合同的段落要按照一定的逻辑顺序进行组织。可参考《合同法》第十二条对合同内容的相关规定。

8. 对每一段内容的书写要意思明确，每段都要分别说明合同同意的事项和不同意的事项。

9. 随时记录下需要记录的条款、措辞和问题。同时，也要将对方列出的要点和一些类似的合同范本放在面前，随时查阅、比照。

10. 除非能使问题阐述得更加明确，否则最好不要在合同中重复陈述某内容。这样会使内容变得模棱两可，不再准确。

三、注意事项

1. 在标题上要注明"合同"二字，不能以"建议书""备忘录"等名称替代。

2. 多写短句子，因为短句子要比长句子容易理解。

3. 尽量用主动语态，而不用被动语态。因为主动语态相对被动语态来说更简短、精练、明确。

4. 在整个合同当中，对合同的一方只得使用一个别称或简称。

5. 在写数目时，要汉字和阿拉伯数字并用，如玖（9），这样可减少一些疏忽。

6. 在合同中，如果用到"包括"一词，应在其后加上"但不限于……"的分句，避免出现没必要的麻烦。

7. 不得过于依赖语法规范。有权解释合同的法官和仲裁员可能与起草合同者的语法规范水平不同。在起草合同时，应遵循简洁、明确原则，尽量用最简洁、准确的文字叙述，使合同更简明、流畅。

8. 不要用自己创造的词语，这样会让普通人无法读懂。

9. 前后用词要一致，不能出现词语混乱的情况。

10. 在文法和标点符号上要保持一致。

11. 在合同中要对争议的解决办法、适用的法律条款进行明确，避免出现问题。

四、思考问题

1. 可假设合同的读者是一位受过教育的外行人。如果起草的合同连外行人都能看懂，那么在法庭上也就不会出错。

2. 在强调一个合同术语时，要加上双引号，表明它有一个特殊的意思。比如，本合同中使用的"货物"是指买方已经同意向卖方购买的货物；本合同中买方同意向卖方购买的拾（10）只电话机，即下文中的"货物"等。

3. 对第一次使用的术语要下定义。

4. 要适当地对合同中的术语和概念进行解释，方便法官和仲裁员理解。

五、完成初稿

1. 对合同的格式规范进行核实，检查问题。

2. 可让亲朋同事阅读草拟的合同，更容易找到出错或不明确的地方。

六、合同定稿

1. 应使用不褪色的油墨和纸张打印合同。

2. 要用同样的纸张对整份合同进行打印。

3. 双方要在每页合同上签名，避免出现合同签署后被修改的情况。

4. 要在合同签名栏的下面留下一些空白的地方，用于双方和见证人填写他们的名字和地址。

5. 如果签名者是公司的管理人员，那么一定要连同他们的职务和公司名称一起写上，避免个人承担责任的可能。

6. 签字与盖章要同时具备。

2.2 合同谈判

合同谈判即与合同除己方外所有的其他参与方谈判合同内容，通常包括以下几个主要内容：合作细节、所有合同参与方的权利与义务、各方违约的处理办法。

一、合同谈判应遵循的原则

1.客观性原则，此原则要求谈判人全面掌握信息材料，并对信息材料进行客观分析，寻求客观标准，如法律规定、国际惯例等。不要屈从于压力，只服从于事实和真理。

2.求同存异原则，谈判各方的需求和利益不同，为了给大家谋求共同利益、寻求解决问题的办法，应保持求同存异的态度。

3.公平竞争的原则，谈判的目的是谋求一致，合作共赢。但合作并不能把竞争排除在外。为了能做到公平竞争，就先要权衡各方利益，做到标准公平，给各方平等的机会，以公平态度协商一致。值得注意的是，在强权之下达成的不平等协约是没有持久约束力的。

4.妥协互补原则，为了达到利益互补的目的，顺利解决谈判中出现的僵局，可采取一定的妥协，让谈判得以顺利进行。但对根本的利益不得妥协，放弃小的利益，赢得更大的根本利益就是一次成功的谈判。所以，在谈判之前，各方要对自己的根本利益有所明确。

5.依法谈判的原则，国际间的谈判要依据国家法和国家惯例，国内的商务谈判自然也要遵守我国的相关法律法规，不得违反法律。

二、合同谈判的策略和技巧

1.做好开局准备

一定要注意合同谈判的开始阶段，开局不好可能会直接影响最终的结果。在开局阶段，应注重拉近彼此的亲密感，消除陌生感，不需要进行实质性谈判，只需加强联系即可。

2. 做好议程安排

在安排议程方面要讲究一定的策略，议题可以先易后难或者先难后易，主要看谈判人想达到一个什么目的。

3. 注重报价阶段

在谈判之前，应做好充分的调研准备，对对方可能提出的报价心中有数。如有需要可向对方提供历史成交记录，或由第三方介入，提高可信度。

4. 学会讨价还价

这一环节是谈判的重中之重，无论与对方关系拉得多近、调研做得多出色，我们最终的目的是要以最低的代价换来最高的收益，因此要在讨价还价上做足努力。

5. 学会相互配合

在谈判中也要采用相互配合的策略，简单来说就是有一个人"唱白脸"，有一个人"唱红脸"，在红脸、白脸的配合之下，软硬兼施，对方更容易被牵制。

6. 做好成交环节

如果谈了一段时间后，双方仍相持不下的话，可以给对方一个期限，并强调合同成交的种种好处，给双方一个缓冲的时间。这样往往对缓解矛盾，促进交易达成起到很好的作用。

2.3 合同履行

一、合同履行的含义和主体

1. 合同履行的含义

合同履行就是合同约定义务的执行。任何由合同约定的义务的执行，都是合同的履行行为。反之，凡是不执行合同约定义务的行为都是合同的不履行。因此，合同的履行就表现为当事人实行合同义务的行为。合同的义务执行完毕，合同也就完成了履行。

2. 合同履行的主体

合同履行的主体即合同签订的双方或多方。这是因为在合同的全面履行过程中，不仅需要合同责任双方或多方履行合同，还需要其他参与方受领履行。

此外，除了法律规定、当事人约定、性质上必须由订立者本人履行的之外，订立者的代理人也可以代为履行。但是只有代理人所履行的行为是法律行为方能适用。

值得注意的是，在某些情况下，合同还可以由第三人代为履行，只要不违反法律、法规、当事人的约定或符合合同的性质，第三人也可以是正确的履行主体。但当第三人代为履行时，该第三人不得取代当事人的地位，只能居于订立人履行辅助人的地位。

二、应遵循的原则

1. 适当履行原则

所谓适当履行原则指的是当事人应依合同约定的标的、质量、数量，由适当主体在适当的期限、地点，以适当的方式，全面完成合同义务的原则。该原则要求：

第一，履行的主体要适当。

即当事人必须亲自履行合同义务，不得擅自转让合同义务或合同权利让其他人代为履行或接受履行。

第二，履行标的物及其数量和质量适当。

即当事人必须严格按照合同约定的标的物执行的义务，并且还应依照合同所约定的数量和质量来给付标的物。

第三，履行期限要适当。

即当事人必须依照合同约定的时间执行合同，既不能迟延，也不得超前。如果合同未约定明确的履行时间，那么双方当事人可随时提出或要求履行，但必须给对方必要的准备时间。

第四，履行地点要适当。

即当事人必须严格按照合同所约定的地点履行合同。

第五，履行方式要适当。

履行的方式包括：标的物的履行方式和价款、酬金的履行方式，当事人必须严格按照合同所约定的方式履行。

2. 协作履行原则

协作履行原则指的是在合同履行的过程中，双方的当事人应互助合作、共同完成合同义务的原则。合同是双方的民事法律行为，不能单由一方完成，在合同一方履行的同时，也需要另一方积极配合，使合同能顺利完成。

3. 经济合理原则

经济合理原则指的是在合同的履行过程中，需要讲求经济效益，尽可能地以最少成本换取最佳的合同效益。

4. 情势变更原则

所谓情势，指的是合同成立后所出现的不可预见情况。所谓变更，指的是合同赖以成立的环境或基础发生异常变动。

一些情况下，在合同有效成立后、履行之前，可能出现一些不可归责于当事人原因的变化，进而直接影响合同履行的结果。如果仍要求当事人按照原来的合同约定来执行合同，就会给当事人的一方造成明显显失公平的结果。此时，法律允许当事人变更或解除合同而免除责任的承担。

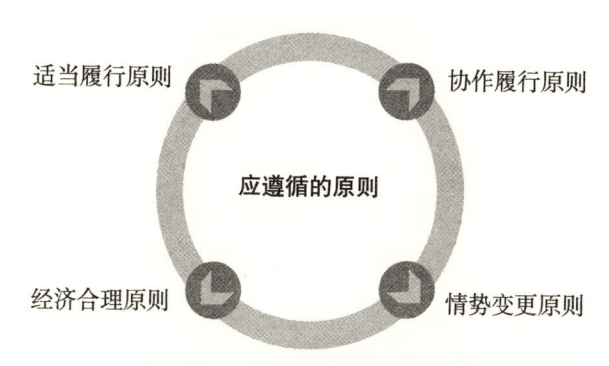

图 3.2　合同履行应遵循的原则

三、注意事项

1. 企业换人不影响合同

如企业和客户所签订的合同为有效合同，那么双方应严格按照约定执行义务，全面履行合同。无论是单位更改名称、企业股权易手还是法人、负责人、经办人发生变更，都不得成为不履行合同的合法理由。

2. 市场变化，解约须慎重

当今经济形势变化很快，往往会导致货物市场价格发生剧烈波动。因此，我们建议合同当事人不要轻易选择主动违约或解除合同，应与客户平等协商，共同选择双方能够接受的方案进行解决，这样将大大减少双方损失。而且，即便是在诉讼的程序中，法院所主持的调解也会更倾向于企业利益的保护。

3. 付款方式要可靠

在选择付款的方式时，无论是付款方还是收款方，都应通过银行结算，避免给自己带来麻烦。

4. 如对验收有异议应及时提出

企业购进货品是十分常见的经营行为，需要注意的是及时验收货物，如发现货物有不符合合同约定的，应在合同约定的期限内以最快的速度通过书面形式提出异议。不要拖延时间，否则可能导致索赔权利的丧失。

5. 严格保护商业秘密

在商谈、履行合同的过程之中，往往会不可避免地触碰到一些交易伙伴的商业信息或商业机密。对这些信息要采取严格保密的态度，不得随意泄露或使用，否则将承担相应责任或后果。

6. 合理行使不安抗辩权

在合同的履行过程中，如果有确切的证据可以证明对方当前的经营状况恶劣、抽逃资金以逃避债务、丧失商业信誉或其他可能丧失履行债务能力的情况，可及时通知对方中止履行，要求对方提供适当的担保，再继续履行合同。在此期间，如对方在合理的期限内未能恢复履行能力，且不能提供适当的担保，可以解除合同。但不可直接解除合同或拒绝履行，否则将承担违约责任。

7. 解除的异议要及时提出

如果出现一方客户通知解除合同，而另一方存在异议的情况，存在异议的一方应明确合同中是否约定了异议期限。如果有，则务必在约定的期限内以书面的形式提出异议。一旦超出约定期限，法院将无法支持。

2.4　合同管理制度的构建

对合同的管理是企业的一项非常重要的管理活动。要想做好合同的管理工作，首先要建立一套全面合理的合同管理制度和流程。

一、建立合同管理制度

在合同管理的职责分工方面，应通过完善的制度明确各横向部门的合同管理职责，同时对纵向的不同层级的人员明确合同审核的重点。确保各部门的工作人员对各自的管理职责有明确的认识，避免职责交叉或遗漏的情况出现。

通常来说，大多数企业都会将合同的归口管理职责设到法律部，由法律部来制定并完善公司的合同管理相关制度和程序。通过研究重大合同、招投标和商务谈判，推动合同全过程的管理。同时建立一套完整的合同履行监控机制，提出合同管理信息化的细则，推进合同管理的电子化，形成合同的闭环式管理。

针对不同的企业情况，应构建适当的合同管理体制。具体来说包括合同的基础制度、特殊类型合同的管理制度以及专项合同的管理制度。管理制度体系层级的多少取决于企业自身的合同数量、类型以及该企业对合同管理的具体要求。

二、明确合同的管理流程

一般来说，合同的管理流程大致可分为两类：一是串行审批，二是并行审批。第一类是指合同的承办部门、审查部门、公司领导，按照串行的方式对合同进行审批，要等上一审查环节结束，下一审查环节才能开始。

第二类是指各个审查部门应以并行的方式，同时对一个合同进行审查，在各个审查部门均同意签署该合同之后，再由公司的领导对合同进行最后审批。任一审查部门都可以对合同的内容提出修改意见，当合同被退回承办部门时，承办部门应进行修改完善，再重新提交审批。

从审查效率的角度来看，并行审查的效率相对较高。

此外，企业还可以设置预审流程和批量审批流程等特殊审批流程来作为普通审批流程的补充。

三、合同制定与实施流程

一般来说，每一个合格的合同都需要经历合同准备、起草、审核、签订、履行、归档的全过程。以下，我们简单从最重要的环节进行说明：

1.合同的准备

在合同的准备阶段，第一个重要内容就是选择一个合格的供应商。我们的具体做法是，制定并下发一套《合同主体资质审查标准》，将其分为通用标准和分类标准两部分。不光要对各部门对供应商资质审查方面的管理制度做出明确灌顶，还要明确各类合同主体应具备的通用资质和特殊资质，保证合同的当事人能满足相应的资格条件。

此外还要制定"采购实施办法"，对各种采购形式如何确定合作伙伴进行明确和细化。保证在招投标的过程中能严格实行，对不具备资质条件的要果断淘汰。在符合标准的对象中，选择最适合企业发展的一家或多家。

合同准备的第二个重要内容是对合同示范文本的管理。我们应建立起一个合同示范文本制度，每年以定期、不定期的方式修订和完善合同范本库中的合同范本。建立一套高效可行的范文审查流程，要求所有职能部门和承办部门都参与到示范文本的会签之中，从而保证示范文本的内容可以满足公司各方面的管理要求。

承办人的法律素质是合同准备的第三个重要内容。为了保证员工能懂法用法，企业应持续为所有参与合同管理的员工进行培训。同时，每年要对参训的人员现场考试，考试合格者方能持证上岗，并获得起草合同的资格。对已经取得合格证书的员工，每年还要组织复评考试，取消不合格员工起草合同的资格。

2. 合同审核

在合同管理过程中，最为重要的内容是合同的审核。其目的是对合同的审批流程即约定条款内容进行全面把关，保证合同的可行、准确，降低企业风险。

为了使这一工作顺利进行，企业应制定详细而具体的合同审查标准及规范，细化审核中应注意的要点，为公司合同审核工作人员的日常审核工作提供统一、规范的标准、依据和引导。

为了能使企业各部门人员在审核中不出现遗漏，法务人员可充分利用信息化手段，把各部门人员的审查职责固化到合同管理系统之中，再通过系统强制审查人确认必审事项已经审核。

此外，为了保证合同审查的工作效率，法务人员还可以在合同管理系统中设置相应的审核时间提醒功能。对超时、未审核的合同以发送短信或邮件的形式进行提醒，从而督促员工的审核工作可以在规定的时间内完成。

3. 合同的签订

理论上，合同的签字人应是该公司的法定代表人，其他人在合同上签字，必须取得法定代表人签署的授权委托书。具体的委托额度一般根据企业的合同数量和金额情况来定，我们一般会把合同按照金额划分为四档：0—50万元、50万—500万元、500万—5000万元、5000万元以上。

在签署的方式上，我们采取公司领导职务任期内授权、部门领导年度授权和特殊情形一事一授权的授权方式，这种方式既能照顾普遍性也能兼顾特殊性。

4. 合同履行

在整个合同管理的过程中，合同的履行环节是最复杂、最不好控制的。我们可以采取信息化手段，对合同的履行实施监控，保证客观、准确、全面地反映合同履行的全过程。此外，通过数字化分析还能实现必要的统计分析。

第三节 | 合同管理的风险控制

在合同管理的整个过程中，都应严格控制风险，尽可能规避潜在的风险，把风险控制在最低，避免合同签署后给企业带来没必要的麻烦。

3.1 签订前和签订中的风险控制

一、签订前的风险控制

1. 应审查对方单位的主体资格、资信能力、相关业务资质、履约能力

如对方为不能独立承担民事责任的单位（如项目部、业务部或分支机构等），则不能与之签订合同。此外，也不得同不具备履行合同必备相应资质的单位签订合同，如建筑施工资质、房地产开发资质、广告经营资质等。公司应在合同签订之前，取得对方经年审合格的营业执照和资质证书复印件（加盖对方公章），保证合同能顺利完成。

2. 对其履约能力进行审查

公司不得与对方单位签订明显超出该单位履约能力的经济合同。具体来说，可根据合同的性质，从对方单位的注册资本和实际资本、最近一期经审计的财务报表、对方单位的员工总数、荣誉证书等方面，判断其履约的综合能力。

3. 对本方履约主体资格和履约能力进行审查

在签约之前，公司还应审查自身是否符合相关合同的主体资格，是否具备相关的经营资质、履约能力。需要相关部门配合的方面是否已经妥善协调。

4. 合同的形式

公司所签订的合同必须采取书面形式，并签订正式的合同书。

5. 合同的起草权

对那些重大的合同，公司应尽可能地争取合同起草权，并尽量使用本公司所拟定的合同示范文本。这样做，可以在合同的谈判中争取到更加有力的地位，进而提升本公司合同管理和审批效率。

6. 签订合同前的批准和授权

按规定，对那些须经上级相关部门批准才能签订的合同，必须经过批准后才能签订。比如，按照公司的章程和法律规定需由公司股东会或董事会决定才能签订的合同，必须在得到相关部门的决议后，才能签订。

二、签订过程中的风险控制

1. 仔细检查所签署合同的各项条款，确保所签署的版本是最后定稿版本。

2. 在正式的签署合同文本中，要尽可能避免过多空白处的出现，从而避免一些不诚信单位在合同的签署过程中擅自增添或修改的情况。

3. 公司在与对方单位拟签订合同时，一般先交由对方单位简明盖章，后再由本公司签名盖章。

值得注意的是，本方公司应要求对方使用公章或合同专用章，不得用其他印章代替，如业务专员章、财务专用章等。

4. 为避免一些不诚信的单位在合同签订之后擅自更改合同内容，双方应在合同签署之时，盖骑缝章。

5. 如对方单位的法定代表人不能亲自签署合同，其他授权的代表人应在签署前提供加盖该公司公章和法定代表人签字的授权书。对于重大合同，即便是对方的法人亲自签署，也应要求对方提供该单位的董事会批准及授权的决议，从而确保万无一失。

6. 为防止一些单位的欺诈行为，当对方代表在合同上签字时，应有本方经办人员见证其亲笔签名，对签名人的身份证复印件应存留备份。

7. 合同经当事双方签字、盖章后，如按法律相关规定或合同约定需办理鉴证、公正、批准手续的，应及时办理。

3.2　对合同的内容的风险控制

合同的内容条款应依照国家或公司所制定的示范文本和公司编制的指导手册起草。具体应注意：

1. 当事人的名称、住所

合同的抬头、落款、公章与对方营业执照所载明的当事人名称、住所需保持一致。

2. 合同标的

合同标的应具有唯一性、准确性，买卖合同应详细约定规格、型号、产地、等级等内容。服务合同应详细约定服务的内容和要求。对于无法用文字描述的合同标的，应将图纸作为合同附件。

3. 数量

合同应使用国家标准的计量单位约定标的数量。对于一些无法约定确切数量的，应约定数量的确定方式，如订货单、送货单、分合同等。

4. 质量

对有国家标准、行业标准或企业标准的，应对采用标准的代号约定，对可以用指标描述的产品应约定主要的指标要求。

5. 价款或报酬

在合同中应明确价款或报酬。价款的支付方式也要在合同中明确，如汇款、支票、信用证、现金等。价款或报酬的支付期限约定应明确、可行。

6. 履行期限、地点和方式

合同履行的期限应具有确定性，难以在合同中明确具体期限的应约定确定履行期限的方式。对合同履行的地点应力争做到对本方有利。合同约定的履行地应具体到市辖区或县一级。

7. 承诺和保证条款

如果通过合理调差仍不能了解标的物或目标企业情况，可要求对方承诺和签订保证条款，从而减少交易风险。

8. 各方权利与义务

各方具体的权利和义务是合同内容的重心，应尽可能地在约定中明确。

9. 合同的担保

在合同中，对方要求提供担保的，或本方要求对方提供担保的，应依据《中华人民共和国担保法》（以下简称《担保法》）结合具体情况要求及时办理相关手续，如抵押登记、质押登记等。

10. 违约责任

①关于违约责任的条款应当详细明确，使违约救济的方法具有可执行性。

②对合同中约定赔偿损失的，要尽可能穷尽损失内容。对非知识产权类合同，需对追偿损失所产生的律师费、差旅费等有明确约定。

③合同中约定的违约金不得高过可能造成的损失，否则在诉讼或仲裁中，很可能被司法机关行使自由裁量权所减少。

11. 合同的解释

合同文书中的所有文字应采用排他性解释，对可能引发歧义的文字和某些非法定的专用词语应在合同中进行解释和定义。

12. 保密条款

对那些涉及保密信息的合同，应约定保密义务与违反保密义务所承担的违约责任。

13. 通知条款

为了保证在合同的履行过程中，通知能准确、及时送达，应在合同中明确当事人的联系地址、邮编、电话等信息以及有效送达方式。

14. 解决争议的方式

争议的解决方式包括仲裁和起诉。如选择仲裁，应明确约定仲裁机构的名称，否则可能因约定不明确而导致仲裁条款无效。

15. 合同的成立时间、生效要件及合同签订时间、地点

合同的结尾处应明确约定合同的成立时间、生效要件及合同的签订时间、地点。

16. 合同的附件

如果该合同存在附件，应明确约定附件属于合同的一部分，并与合同条款具有同等效力。当出现附件内容与合同条款不一致时，应以哪个约定为准，给予明确。

17. 涉外合同

在起草涉外合同的时候，应考虑相关的国际惯例，提高双方缔结合同的效率。

3.3　合同履行的风险控制

1. 公司应按照合同的约定全面履行自己的义务，并随时督促对方也及时履行义务。以台账的形式记录合同履行过程中发生的情况。

2. 对关于合同履行中的书面签证、文书、来往信函、通知等文件应及时进行整理，妥善保管原件。确保争议发生时能第一时间拿出予以佐证。

3. 在向对方单位交付标的物、款项、资料或者发票时，应向对方索要收条，并妥善保留。

4. 在向对方单位发出通知时，应采取书面形式由专人送到或快递邮寄。要求对方在通知上盖章或签名，由本方收回后妥善保管。

5. 如在合同的履行过程中对方出现违约情况，本方应及时查明具体原因，通过取证，按照合同的约定，及时、合理、准确地向对方提出违约索赔报告。

6. 本方收到对方的违约索赔报告后，应立即认真研究，并及时处理。员工不

得擅自在对方出具的违约索赔报告、对账单等确认类文书上签字盖章。如有需要，应视具体情况，经公司领导同意，方可进行。

7. 在合同的履行过程中，如本方经办人员发现并有确切证据证明对方有以下情况之一者，应立即中止履行，并及时以书面的形式向上级部门汇报，等领导做出指示：

①经营状况严重恶化；

②以转移财产，抽逃资金的方式逃避债务；

③丧失商业信誉；

④已丧失或者可能丧失履行债务能力的其他情形。

8. 如对方组织发生合并、分立、改制、股权转让或其他重大事项或对方的合同经办人员发生变动时，应及时对账，确认双方的债权、债务。

9. 如履行合同约定向本方支付义务的并非合同的签约方，需要求实际付款方向我方出具付款说明。

10. 如本方经办人员与本方终止劳动关系，或因其他原因而发生变更，本方应在情况发生之后，尽快以书面形式告知对方单位，以免本方对该人员之后的行为承担责任。

11. 如在合同履行过程中发生争议，应及时向公司法务部门汇报。必要时，还可组织外部律师研究、商讨对策。有必要的情况下，应及时提起仲裁或诉讼，以免超出时效，使本方的要求不能得到法院的支持。

附录：企业合同管理工作表单

企业合同管理制度

一、合同管理总则

1. 目的和依据

为加强公司的合同管理工作，预防、减少和及时解决合同纠纷，维护企业合法权益，提高经济效益，根据《中华人民共和国合同法》（以下简称《合同法》）和有关政府部门规定，结合公司实际情况，制定本制度。

2. 适用范围

本制度适用于公司及其所属各单位与各法人单位、其他经济组织、自然人或相互之间签订的各类合同、协议等，包括但不限于买卖合同、借款合同、租赁合同、加工承揽合同、运输合同、资产转让合同、仓储合同、服务合同、保险合同等。

3. 合同管理原则

合同管理必须遵循依法办事，预防为主，层层把关，跟踪监督，及时调处，维护企业合法权益的原则。

签订、履行、变更、解除合同，必须遵守《合同法》及有关法律、法规、规章，参照有关政策。

4. 保守商业秘密

管理、参与合同工作的一切有关人员，应当为公司保守商业秘密。

二、合同管理职责

1. 企业合同管理部门（法务部）的主要合同管理职责

（1）认真学习、贯彻执行《合同法》和有关条例，依法保护本企业合法权益。

（2）制定、修订本公司合同管理制度、办法，组织实施合同管理工作。

（3）审查合同，防止不完善或不合法的合同出现。

（4）协助合同承办人员依法签订合同，参与重大合同的谈判与签订。

（5）做好合同统计、归档、保管工作。

（6）监督、检查本公司合同签订、履行情况。

（7）宣传《合同法》和有关法规，培训合同管理人员和业务人员、采购人员。

（8）依法处理本公司的合同纠纷。

（9）制止公司或个人利用合同进行违法活动。

（10）按期统计、汇总本公司合同签订、履行以及合同纠纷处理情况并向公司领导汇报。

2. 供销部门的主要职责

（1）依法签订、变更、解除本部门的合同。

（2）严格审查本部门所签订的合同，重大合同提交有关方面会审。

（3）对所签合同，认真执行，并定期自查合同履行情况。

（4）在合同履行过程中，加强与其他各有关部门联系，发生问题及时向法务部通报。

（5）做好本部门合同的登记、统计、归档工作。

（6）协助法务部对合同纠纷进行处理。

3. 财务部门的主要职责

（1）加强与供销等有关部门的联系，及时通报合同履行中的应收应付情况。

（2）做好与合同有关的应收应付款项的统计、分析，提出处理建议，妥善保管收、付凭证。

（3）配合法务部做好合同管理工作。

三、合同审签管理

1. 公司对外签订合同，应由法定代表人或法定代表人授权的代理人进行。

2.严禁将合同业务介绍信转借其他单位或个人使用。介绍信的存根应当保存五年，以备核查。

3.除即时清结者外，合同应当采用书面形式，合同文本应当采用法务部发布的合同示范文本；合同相对方提供的合同文本必须送交法务部审核。

4.所有合同都应按顺序由法务部统一编号。

5.合同及其有关的书面材料，应当语言规范，字迹（符号）清晰，条款完整，内容具体，用语准确、无歧义。

6.订立合同，必须有完备合同条款。合同条款一般包括当事人的名称或者姓名和住所，标的，数量和质量，价款和报酬，履行的期限、地点和方式，违约责任及解决争议的方法等。

7.对于合同标的没有国家标准又难以用书面确切描述的，应当封存样品，由合同双方共同封存，加盖公章或合同章，分别交由各分公司经理、各部门经理或主管负责保管。

8.订立依法可以设定担保或者对对方当事人的履约能力没有把握的合同，应当要求对方当事人依法提供保证、抵押、留置、定金等相应形式的有效担保。

对方当事人提供的保证人，必须是法律许可的具有代为清偿债务能力的法人、其他组织或者自然人。对对方当事人的保证人的主体资格和清偿债务能力要参照本制度的规定进行审查。

9.对外签订合同，要明确选择纠纷管辖地，并力求选择本公司所在地法院。

10.法定代表人或合同承办人应当亲自在合同文本上签名盖章。

11.签订合同，应当加盖单位的合同专用章或公章。严禁在空白合同文本上加盖合同专用章或公章。单份合同文本达二页及以上的须加盖骑缝章。

四、合同审签程序

1.签订合同前必须严格审查对方当事人的主体资格。

（1）对法人必须审查原件或者盖有工商行政管理局复印专用章的公司法人营业执照或营业执照的副本复印件（必须有最近年检章）。

（2）对非法人经济组织，应当审查其是否按法律规定登记并领取营业执照。对分支机构或是事业单位和社会团体设立的经营单位，除审查其经营范围外，还应同时审查其所从属的法人主体资格。

（3）对外方当事人的资格审查，应调查清楚其地位和性质、公司或组织是否合法存在、法定名称、地址、法定代表人姓名、国籍及公司或组织注册地。

2. 签订合同前需要审查代理人的代理身份和代理资格。

（1）代理人职务资格证明及个人身份证。

（2）被代理人签发的授权委托书。

（3）代理行为是否超越了代理权限或代理权是否超出了代理期限。

3. 签订合同，必须认真审查对方当事人的履约能力。

4. 签订合同，应当仔细审查对方当事人提供的有关证明资料，必要时应到签发部门验证或实地考察，以防对方当事人伪造或变造证明材料。对方当事人提供的各种证明资料中所使用的当事人名称、印章等内容必须完全一致。

5. 下列资料不能作为主体资格和履约能力的证明资料，但可归入合同档案保存，以备考察。

（1）名片。

（2）厂家介绍、产品介绍等资料。

（3）各类广告、宣传资料。

（4）各类电话、微信、邮箱等通信工具号码。

（5）对方当事人提供的未经我方合同承办人见证而复制的或未与原件核对无异的复印资料。

6. 合同承办人应将合同的副本一份及时送交本单位财务部门备案，作为财务部门收付款物的依据。

五、合同履行、变更和解除

1. 合同履约管理

（1）法定代表人、公司总经理全面负责合同的履行。合同承办单位、部门和人员具体负责其订立合同的履行。

（2）在履行合同过程中，根据情况的变化，应当对对方当事人的履行能力进行跟踪调查。如发现问题，合同承办人要及时处理，必要时经单位负责人同意，可实地调查合同标的情况和对方当事人的履约能力。

（3）接收标的必须经过严格的验收或商检程序。对不符合制度和合同约定的标的应在法定期限内及时提出书面异议。

（4）合同结算必须通过本单位财务部门进行。对合法有效的合同，财务部门必须在合同约定的期限内结算。对未经合法授权或超权限签订的合同，财务部门有权拒绝结算。

（5）凡与合同有关的来往文书、电传、信函、电话记录都应作为履约证据留存。

对我方当事人的履约情况，除妥善保存有关收、付凭证外，还要做好履约记录。

我方当事人收到对方当事人通过邮递方式传送的与合同有关的法律文书时，应当连同信封一并收存。通过邮递方式传送与合同有关的法律文书时，必须使用专业快递，并保存邮局收据、回执备案。

2.合同的变更和解除

（1）对方当事人作为款物接收人而要求变更接收人时，必须有书面变更协议。严禁未取得对方当事人的书面材料而凭口头约定向已变更的接收人发货或付款。

（2）我方当事人遇有不可抗力或者其他原因无法履行合同时，应当及时收集有关证据，并立即以书面形式通知对方当事人，同时积极采取补救措施，减少损失。

（3）发现对方当事人不履行或不完全履行合同时，合同承办人应当催促对方当事人采取有效补救措施，收集、保存对方当事人不履行合同的有关证据，及时向法务部报告。

（4）我方当事人因故变更或解除合同，应当及时以书面形式通知对方当事人，说明变更或解除合同的原因和请求对方书面答复的期限，尽快与对方当事人达成变更或解除合同的协议。

六、合同纠纷处理

1. 合同纠纷管理

（1）为解决合同纠纷所采取的各项措施，必须在法定的诉讼时效和期间内进行。

（2）发现对方当事人利用合同进行诈骗等犯罪活动时，应当立即向单位负责人报告并向公安机关报案。

（3）合同承办部门、人员应配合好公司法务部参加仲裁或诉讼。

（4）合同发生纠纷后，需要委托代理人参加仲裁或诉讼活动的，应当及时委托有资质的代理人参与处理纠纷。

（5）解决合同纠纷的申请书、起诉书、证据、答辩书、协议书、调解书、仲裁书、裁定书、判决书等，在结案后十日内，由承办人送交法务部备案。

2. 合同纠纷处理程序

（1）发生合同纠纷，合同承办部门、人员应立即报告分管领导和法务部、公司领导，法务部、供销部门、财务部等相关部门应当及时提供解决纠纷所需的相关材料。

（2）在处理合同纠纷过程中，对于可能因对方当事人的行为或者其他原因，使判决不能执行或者难以执行的案件，应当及时向法院申请财产保全。

（3）合同纠纷发生后，应当依法采取一切措施，积极收集、整理有关证据。在证据可能灭失或者难以取得的情况下，应当向法院申请保全证据。

（4）向法院提供原始证据时，必须先行复制，并请求法院的承办人员出具证据收执。

七、合同资料管理

1. 档案资料内容

下列资料可以作为合同档案：

（1）谈判记录、可行性研究报告和报审及批准文件。

（2）对方当事人的法人营业执照、营业执照、事业法人执照的副本复印件。

（3）对方当事人履约能力证明资料复印件。

（4）对方当事人的法定代表人或合同承办人的职务资格证明、个人身份证明、介绍信、授权委托书的原件或复印件。

（5）我方当事人的法定代表人的授权委托书的原件和复印件。

（6）对方当事人的担保人的担保能力和主体资格证明资料的复印件；

（7）双方签订或履行合同的往来电报、电传、信函、电话记录等书面材料和视听材料。

（8）登记、见证、鉴证、公证等文书资料。

（9）合同正本、副本及变更、解除合同的书面协议。

（10）标的验收记录。

（11）交接、收付标的、款项的原始凭证复印件。

2.合同资料归档、统计与管理

（1）公司所有合同都必须统一编号，由法务部妥善保管。

（2）合同承办人办理完毕签订、变更、履行及解除合同的各项手续后十日内，应将合同档案资料移交法务部。

八、附则

1.凡因未按规定处理合同事宜、未及时汇报情况和遗失合同有关资料而给公司造成损失的，追究相关负责人和责任人的经济和行政责任。

2.法务部应定期将履行完毕或不再履行的合同有关资料按合同编号整理，由法务主管确认后交行政部档案管理人员存档，不得随意处置、销毁，防止遗失。

3.本制度自　年　月　日起生效实施。

合同管理台账

某集团合同管理台账

报送单位：
填表人：
填表日期：

序号	合同编号	合同签订日期	合同名称	合同类型	标的/项目	合同当事人 我方单位	合同当事人 对方单位	合同约定生效日期	合同约定终止日期	合同总价款	合同已支付金额	合同余款	合同份数	签约承办部门、经办人、联系方式	合同履行情况	备注
1																
2																
3																
4																
5																
6																
7																
8																
9																

编制（合同管理员）：　　　　　审核（中心/部门负责人）：　　　　　审批（公司负责人/分管领导）：

填表说明：
（1）合同名称：合同完整的名称。
（2）合同类型：如租赁、采购、招投标、服务、工程外包、承揽、供水供电合同等。
（3）合同当事人：合同的甲方、乙方，完整填写。
（4）合同约定生效及终止日期：合同正文中标注的合同履行起止日期。
（5）签约承办部门、经办人、联系方式：合同签约单位合同签约相关经手人。
（6）合同履行情况：正常履行、到期终止、变更、解除。
此表每月报送一次，于每月5日前提报上月合同台账。

111

合同申报表

编号：

申报单位或部门		承办人	
合同名称		标的额	
合同主要条款	合同承办人： 　　年　月　日		
承办部门经理意见	工程管理部意见	工程副总经理或项目负责人意见	
年　月　日	年　月　日	年　月　日	
公司总经理意见			

合同说明书

合同名称：

对方单位			
合同审批人		合同金额（万元）	
合同主要条款	1. 合同标的概况。		
	2. 对方履行地点、履约保证金。		
	3. 进度款支付方式。		
	4. 结算方式。		
	5. 质量要求、质保金。		
	6. 甲供材料范围。		
	7. 工期要求。		
	8. 违约责任。		
	9. 解决争议方式。		
	10. 其他内容。		

合同跟踪单

合同承办单位：　　　　　　　　　　　　合同分管员：

合同编号		标的额	
合同名称		合同承办部门	
合同收款单位		联系人	
合同付款单位		联系人	
合同签订日期		合同履约期限	
合同履行程度			

资金收付情况

收付日期	付款金额	收款金额
合计		

履约处罚情况		
合同本次申请支付情况	付款日期	付款金额
合同办结确认		

113

合同履约情况登记表

单位：								报送日期： 年 月 日	
本月签订合同数	本年目前累计签订合同数	本月正在履行合同数	本月履行完毕合同数	本年目前已签订未履行合同数	本月出现违约合同数	本年目前出现违约情况合同总数	本年目前已审批未签约合同数	本年目前已签订并履行完毕合同数

本年已审批未签约合同名称	对方单位名称	合同承办人	最终审批人	最终审批时间	合同标的	未签约原因

本月出现违约情况的合同名称	违约原因及责任	

填报人： 审核：

注：

1. 本月是指填报此表的当月，本年目前是从当年元旦至填报本表日的这段时间内；
2. 履行完毕是指合同权利义务已经全部履行，涉及的钱款已经全部付清或收回；
3. 每个项目都要填，不许空白，数据为0的填写0。

QIYE FALÜ GUANLI BIBEI
ZHIDU YU SHICAO

Chapter 4
案件管理业务实操

第一节 | 什么是案件管理

2009年3月25日，北京章光101科技发展有限公司的章光101染发膏被披露涉嫌违法添加致癌物质间苯二胺。此事件爆发后，全国各大媒体纷纷跟踪报道，章光101染发膏致癌事件一度成为舆论关注的焦点。很快，3月27日，北京章光101科技发展有限公司发布紧急声明，称在广东检查发现含违禁物质的染发膏是仿冒该企业产品的"冒牌货"。

但在对外公布的事件说明中，章光101对事件的描述一改再改，让人疑云丛生，不少媒体也是抓住此细节大肆批评。导致章光101的品牌形象被蒙上一层阴影。此次事件虽然未对章光101造成毁灭性的打击，但也对该企业在一段时间里造成了很大的负面影响。

章光101可以说是我国生发、养发行业中的优质品牌，有很高的知名度。但当它面对这次危机时，表现出的手足无措和出尔反尔，可以看出该企业在危机应对的策略上十分不成熟，同时也凸显了我国民营企业的一个共同问题：重视市场营销，轻视危机防范。这种态度很可能会使企业在面对重大危机事件时毫无抵抗能力，一次打击便可给企业造成致命的伤害。为了避免类似情况的发生或在不良事件发生后及时应对，企业要加强对案件的管理。

案件管理指的是公司依据自身的具体情况，根据相关法律法规以公司案件管理制度为基础，以公司IT流程为保障，对案件进行事前预防、事中控制、事后反馈的全流程动态管理。从而使公司能以最小的成本将案件的影响控制到公司能够承担的范围之内，进而达到防控公司法律案件风险的目的。这里所说的案件是指广义的案件，包括民事诉讼、刑事诉讼、行政诉讼、劳资纠纷、民商事纠纷、投诉、行政查处等。

1.1 案件管理的必要性

一、案件管理是公司重视对案件风险控制的标志

公司运营中可能遇到各种案件，这些案件对公司的影响或大或小，小的可能对公司运营的影响微乎其微，大的可能对公司的运营起到毁灭性打击。但无论案件大小，公司都应对案件的风险足够重视，没有良好的案件管理制度，小案件可能演变成大案件，抑或小案件通过量变直接上升到质变，给公司带来不可能控制的影响，严重损害公司的正常生产经营，甚至导致公司破产或被清算。

二、案件管理可以对公司的经营风险进行回溯

对案件管理的目的之一就是对公司的经营现状进行回溯、复盘，根据已发生案件的处理，排查和整改现阶段经营风险。依据对公司案件数据库各项数据的分析，可对公司当前及未来的各项经营风险进行定性和定量的分析，进而对各项分析进行排序，使得公司能对当前各项风险一目了然，然后再根据公司资源配置的情况，选取排列在前的风险进行应对处理，从而维护公司的利益。

三、案件管理是公司依法运行的标志

公司的案件管理要在公司法律法规及规章制度之下进行，要以维护公司的利益等合法目的为根本目的，否则会给公司造成适得其反的后果，进而造成更大的损失。就我国的现状来说，中国仍是一个人情占主导的社会，很多企业的管理层仍以人情来处理案件。虽然人情很重要，但不能偏离法律法规及公司规章制度的范畴，否则就会衍生出更多的案件，给公司造成更不良的影响。

四、通过案件管理可以给公司创造经济效益

一些公司认为对案件进行管理要耗费一定的人力、物力、财力，加之程序烦琐，一定会给公司带来负担。这对一些规模非常小的公司来说，确有道理。但对于那些大中型企业来说，如果没有案件管理，可能会对企业造成致命的影响。

企业通过案件管理，既可以主动诉讼为企业创收，又可以通过被动诉讼的回溯机制，对公司经营的风险防范起到巨大作用，进而减少企业开支，从另一个角度为公司创造了经济效益。

五、案件管理还是展示企业形象的有效途径之一

一些上市公司需要对重大案件的情况进行披露。设立案件管理便可以确保及时、准时地披露重大案件的情况，并向竞争对手和政府机关展示良好的公司形象。如果是在美国或者海外上市的公司，完善的案件管理流程不但可以表明企业对案件管理及风险控制的重视，还可以作为美国的国家行政机构考虑减轻处罚的情节。

1.2 案件管理的主要内容

案件管理的宗旨是为本公司控制案件的风险。公司一般都以追求利润最大化为目的，如果有不良案件发生，会对公司的利益造成威胁。因此，有效的案件管理需要权衡公司的利益，将公司的利益最大化放在首位，进而以最小的代价使公司的负面影响降到最低。在这种情况下，公司就应根据不同的案件，部署不同的方案，将风险控制放在每一个阶段进行考量，以风险控制作为企业每一步行动的指引。需要强调的是，企业的案件管理必须是合法的。那些不合法的案件管理，如隐匿证据、伪造证据、伪造印章、提供虚假证词等，不但不能为企业控制风险，反而会让企业面临承担民事法律责任、行政法律责任甚至是刑事法律责任的风险，进而严重损坏公司的信誉。

案件管理的主要负责部门是公司法务部门，如果公司没有正式的法务部门，就由该公司负责管理法务的职责部门进行管理。案件主责部门在工作中，必须注意不能偏离以下范畴：

1. 案件的处理必须依据相关法律法规及公司的规章制度开展；

2. 案件的处理必须以公司所制定的策略为主轴，而且公司的策略一旦确定就不能频繁更改；

3.案件的处理应在公司授权的范围内开展，不得越权；

4.案件处理时，应把公司的利益放在第一位。

对案件的管理还要有组织、人力及资金方面的保障。案件管理可以说是公司风险控制中非常重要的一个环节，也是公司控制案件风险的主要手段。因此，对案件的管理不能纸上谈兵，更不能只当作可有可无的白纸，应以组织、人力、资金各方面的保证，真正将其落实。

1.3 案件管理的最终目标

一、案件管理的总目标是将企业的案件风险控制到最低

案件管理可分为事前预防、事中控制、事后反馈三个动态环节。每个环节都应围绕着控制风险这一总目标进行。这就需要有事前风险教育、案件警示、法律科普、最佳实践等活动来规避案件的发生，从而减少企业成本的支出。通过事中控制，企业可以将案件的处理控制在企业既定的策略之内，进而对案件的结果进行预估，采取各种办法达成既定目标，用最小的代价控制案件发生的可能。通过事后反馈和回溯，可以让企业将已发生案件的成因、处理意见、处理心得回溯到公司当前的运营中，从而找出企业当前运营中潜在的问题并改正，达到事前控制的目的。

二、案件管理运行的目标是实现案件管理全流程 E 化

执行公司的每项规章制度要依赖于每一名具体员工的行为。流程的 E 化可以对每名员工的行为进行规范，如果某员工不在线操作，案件管理就无法启动，各项存档、审核、决策流程便无法运行。这样的案件管理运行就需要得到公司 IT 部门的支持，从而实现公司案件管理的全程 E 化。因此，公司的案件管理不仅需要公司规章制度授权及财物等资源的保证，还需要有 IT 流程的支持，以 OA 等软件或数据库方式进行运作。

第二节 ▎ 案件管理的制度与流程

企业应提高对案件管理的重视程度，并运用科学的方式建立起一套完善、可行的案件管理制度与流程，严格依照标准对案件实行管理。

2.1 案件管理的制度建立

一、根据公司情况，确定主责部门

公司的情况各有不同，需要根据本公司的具体规模、部门设置等方面确定案件管理的主责部门。有法务部门的公司，应由法务部门作为主责部门；或者有行使法务管理权限的部门，如总经理办公室、总裁办等部门作为案件管理的主责部门。

随后，案件管理的主责部门应依据本公司法人代表的授权，牵头制定公司案件管理制度。案件管理制度应由人事、财务、采购、销售等部门会签，随后交由公司法人代表最后签审，最后下发公司各部门执行。

二、案件管理制度流程的建立要尽可能规避风险

具体来说，需避免出现以下情况：

1.制度流程的主体不明确。这样会导致流程建立起来后，责任意识及主体意识不明确，导致流程无法落实，甚至一些流程和业务严重脱节，成为部门间互相推卸责任的借口。

2.制度流程不得过细。过细的流程会导致没有分级概念，不利于监控和维护。不能过细的同时也不能穷举。

3.制度流程的审批不得过于烦琐。环节过多会导致审批的时间长，反应速度慢，进而效率低下，影响企业竞争力的提升。

4.避免制度流程的推动力不足。推动力单一，主要来源于流程管理不睦，流程接口人不稳定，对流程管理的方法、理念、工具等缺乏系统科学的培训。

三、运用适宜的案件管理制度流程描述方法

一般来说，对公司案件管理制度流程的描述可采用比较常见的流程图法。这种方法遵循 ANSI 标准，优点在于其属于职能型流程描述方法，可以拓展支持跨职能；可理解性好；属于动态流程描述方法。为了让流程图法更好地满足企业中跨部门职能描述的需求，可将流程图法进一步扩展为跨功能流程图法。主要表明企业业务流程与执行该流程的功能单元或组织单元间的关系。其组成要素包括：企业业务流程、执行形影流程的功能单元或组织单元。在形式上，既有横向功能描述，也有纵向功能描述。

四、案件管理制度的基本架构

一份完善可行的案件管理制度应包含以下几个要素：

1.总则。总则包括介绍案件管理制度制定的背景、制定的方法及希望能达到的目标。

以麦肯锡 7S 制定方法的模型，其通过公司法务、采购、人事、研发、销售等相关部门共同商讨，由主责部门牵头制定，各部门同意会签。案件管理制度的目标是让企业提高案件管理的效率，尽最大可能规避案件的风险，维护公司的利益。

2.适用范围。首先应明确案件管理制度的适用主体及案件范围。如公司为集团公司或者母公司，那么案件管理制度的适用范围可为公司各部门及下属控股企业或产业公司，或者为公司事业部门，下属的控股企业或产业公司可参照适用；如果该公司并非集团公司或母公司，那么案件管理制度的适用范围就是公司的各个部门及事业部门。

案件的范围包括诉讼及非诉讼案件。诉讼案件指的是本公司及下属的子公司

在经营、管理中所发生的，以本公司或下属子公司为当事人的各类诉讼以及仲裁案件，如劳务纠纷诉讼案件、民事诉讼案件、行政诉讼案件、执行案件、申请复议案件和各种仲裁案件等。非诉讼案件指的是本公司及下属的子公司在经营、管理中所出现的，以本公司或下属子公司为一方当事人，采用协商、调解等方式解决相关纠纷或争议的法律事务活动。

3. 对各部门的职责进行分工。明确主责部门、辅责部门及各个部门在案件管理中的权限、责任及义务。通常来说，公司案件管理的责任部门可分为两类，一是法务部门，二是各业务部门。

4. 对案件策略的审批原则。首先应明确案件处理策略的审批层级，然后由法务部门或行使法务管理责任的部门与义务部门一起协商并起草案件的处理策略报告。报告的内容可包括案件的背景介绍、案件处理的策略及方案、案件的结果预估、资源需求等。依据案件的重要性原则及涉案金额的大小原则分层审批。

举例来说，某企业的审批层级可设立为：案件标的 200 万元（含）以上者，由公司 CEO 负责审批；案件标的在 100 万元（含）以上，200 万元以下者，由业务分管副总裁和法务副总裁负责审批；案件标的在 50 万元（含）以上，100 万元以下者，由业务部门总监和法务总监审批；案件标的在 50 万元以下者，由业务部门部长和法务部长审批。报告审批通过以后，由法务部门负责牵头执行，定期整理汇报。

5. 案件的处理流程。首先明确各诉讼案件及其非诉讼案件处理的时间节点、流程节点及步骤要求。一旦出现案件，便可依据该部门所规定的流程节点和时间节点层层推进。

6. 案件档案的管理。对案件档案进行管理可提高案件管理的工作效率，降低案件管理的劳动强度和管理成本。如能实现案件管理的电子化，更可以使案件管理达到事半功倍的效果，用电子关键词可直接通过网络随时随地查询、检索案件，还可进行案件业务的管理工作。除此之外，良好的案件管理还能减少案件丢失、泄密的可能。也可为企业的管理变革提供支持，配合组织流程、信息一体化的整合。

7. 费用支出及外聘律师管理。该部分应明确费用的发生、归属及其外部律师的聘用、管理、解雇。

2.2 案件 E 化管理系统的构成

为了提高案件管理的效率、减少风险失误，企业可将案件管理的流程 E 化，具体来说，企业案件管理的 E 化系统可包括以下几个功能模块：

1. 系统设置模块

所谓系统设置功能主要包括设置公司信息、各部门信息、管理员及接口人员信息、数据升级功能。

2. 资料的录入板块

录入资料是案件管理的开始，法务部门及业务部门的掌管权限的人员可在案件发生时，依据案件的具体情况录入案件基本情况并上传案件相关材料。在此板块中，应显示案件的基本情况、案件类型、案件当事人、案件标的、案件的结果预估、案件处理的行动方案、案件处理策略等功能项。

3. 案件审批流程

资料录入之后，可根据公司案件审批权限，由不同级别人员进行审批，直至公司 CEO 审批，各审批人可进行转办、同意或驳回等操作。也可附上审批的建议，责令相关部门解释或落实。

4. 报表处理模块

对报表的处理可分为统计汇总和打印设置两个部分，报表只有在完成统计汇总之后，才能显示或打印出来。

5. 查询信息模块

所谓查询信息指的是在要素库中查找所需的案件要素，根据案件的类型、当事人、案件标的、业务部门名称等关键字进行查询。

6. 辅助功能模块

在辅助功能中，包括上报文件、数据整理、数据还原、数据备份、数据接收、数据发送、案情通报、统计分析报告等。

7. 档案管理模块

在该模块中，可归档整理所有案件数据及其附件，便于案件的管理和日后查询。

在案件管理 E 化系统建立完成之后，可实现案件管理无纸化办公，这样既能节省资源，提高效率，还便于实现案件档案管理，提取及分析案件数据，为业务的回溯提供第一手数据。

2.3 全过程案件管理的构成要素

一、事前预防

1. 以人为本的事前预防政策

企业应加强对各级员工法律风险预防与控制意识的培训，企业的决策、管理是企业员工职务的核心构成部分，有必要提高法律风险的预防和控制意识，加强基础经济法律知识与相应专业法律知识的学习，重视法务人员的专业支持。

如果各级员工在工作中，没有意识到某个管理体系存在缺陷、某份合同存在漏洞，仍按照原有规程办公，则很可能给企业带来巨大的经济损失。

2. 企业案件风险防范的一般实践方式

对企业的法律风险点进行系统的识别，针对企业的具体运作情况进行调研查找，将有可能出现的风险点一一列出，是有效防范法律风险的基础和前提。分门别类地统计、分析、归纳识别出来的法律风险，列出涉及的主体，相关的法规、可能出现的后果以及后期的控制措施和防范对策等。

3. 减少企业管理体系中的缺陷和漏洞

企业在管理流程的设计上，应有制度化的法务控制环节，包括企业制度合法性与风险预防评估、企业经营决策的法律风险评估、企业合同的审核与控制、法务纠纷的非诉讼与诉讼处理、企业损失的减少或追回。要对企业管理流程进行科学有效的设计与重组，应把法务控制作为内部控制中必不可少的一个环节，对企业法律费用做出明确合理的财务预算，便于支持法务控制环节的运转。

4.提高企业高管们的风险防范意识

对企业法律风险的防范不仅需要有明确的法务控制环节，还需要企业高管们具有一定的法律风险意识，尤其是在企业无法务控制环节的情况下，要更加依赖于企业高管的法律风险意识。企业高管应具备的法律风险意识不仅是指他对法律认知的程度，更是指他能够寻求各种专业部门支持的主动性。

二、事中控制

1.诉讼或非诉讼之前的管理包括证据收集、资料整理、诉前论证、诉讼方案和诉讼策略的制订、是否聘请外部律师及外聘律师的资格条件、诉讼或非诉讼的成本管理等。

2.诉讼或非诉讼中的管理，包括外聘律师的管理、对律师工作的跟踪与监督、案件管理岗位责任制、与法院或案件有关方的沟通和协调、诉讼或非诉讼策略的调整等。

3.诉讼或非诉讼后的管理，包括申诉管理、执行管理、案件总结管理、案件信息统计分析管理、案件检查、案件奖惩管理、案件档案管理、监督管理等。

公司可通过以上内容来控制每件诉讼或非诉讼案件的处理。

三、事后反馈

所谓事后反馈是指对各类案件处理后，对公司的经营状况进行回溯、复盘，并对当前的经营进行风险排查及整改。

这一系列操作包括：对公司案件数据库的各项数据进行分析；对公司目前及将来的各项运营风险进行定性定量分析；对各项分析进行排序，使公司当前各项风险一目了然。随后根据公司资源配置的情况，选取排列在前的风险进行应对。

1.案件警示教育

通过开展相关职业道德教育、案例警示教育、廉洁从业教育和风险意识教育活动，大力加强公司员工防范各种风险的意识、技能及措施。

与此同时，做好内部风险防控，明确责任分工和时间步骤，按照工作职能对重要风险点和防控重点进行任务分解，将整改责任落实到具体的岗位和人员上。此后深入开展风险排查活动，采取逐岗位、逐专业、逐流程、逐环节排查风险等措施，深层次查找决策层、管理层、操作层在内控案防管理、制度执行中的薄弱环节和漏洞弊端。分层次挖掘问题存在的原因，进行有针对性的防控整改，消除潜在的安全隐患，避免违法、违纪、违规经营问题及重大差错事故的发生。

2. 案件复查

通过复查已终结的案件情形，可以看到公司在案发相关业务的运行中潜在的问题及风险，根据问题、风险的重要性及紧急程度做出风险防范和整改。

3. 案件经验借鉴

通过对已发生案件的处理及复盘，可以梳理相关的业务条线及业务流程，从而找出共性问题和风险，根据问题与风险的重要性和紧急程度进行风险防范和整改。

4. 公司制度的变更及业务流程的变更

对已发案件完成处理、复盘和对于非直接相关业务条线及业务流程完成梳理后，针对其出现的共性问题进行变更及优化。

第三节 ▎ 案件管理的风险控制

对公司的案件管理可分为三个环节，分别是事前预防环节、事中控制环节和事后反馈环节。这三个环节都存在着各种类型的诉讼风险，如处理不当，有可能导致诉讼的最终失败。

3.1 案件起诉阶段的风险控制

在起诉中，原告方完全掌握着主动权，就起诉所引发的诉讼风险也集中体现在原告身上。这些风险是因起诉活动而引起的，但其影响也并非完全体现在起诉阶段内，更多的可能会延续到案件受理后的庭审准备及正式庭审阶段。而所谓的起诉阶段内部风险，指的是因当事人起诉行为所引起的、在法院审查起诉期间可能对当事人造成不利影响的风险，如原告或被告身份不适格、争议内容不属于法院所管辖范围等。该部分的风险在整个诉讼的过程中所占比例不大，而且这一阶段不当行为的后果也往往是在庭审的相关步骤中体现出来的，并有可能直接导致出现对企业不利的结果。

可以说，起诉阶段是整个诉讼过程的起始阶段，它决定了在后续诉讼过程当中所有的基本要素，如原告、被告、管辖法院、诉讼请求等。依据诉讼程序法的相关规定，在这阶段法院的主要活动是对上述要素形式做出审查，决定是否受理案件并启动后续步骤。对于诉讼的大部分实体问题都要留在举证、庭审等阶段解决。

正是由于这一阶段只审形式、不审实体的特殊要求，使得其中所存在的各种问题都要在后续的各个步骤中才产生影响；这种影响是非即时性的，容易使当事人，特别是提起诉讼的原告方自己放松警惕，以为只需将一纸诉状上交，便可将所有的难题都推给对方，殊不知缺少及时的风险审查及应对意识，诉讼中的不合理行为会成为日后败诉的重要原因。实际上，诉讼过程不只需要举证、庭审等正面交锋，一旦决定起诉，原告必须全面审视每一个环节，正确选择被告并提出合理的诉讼请求，进而将诉讼引向对自己更为有利的方向。

3.2 案件审理阶段的风险控制

一、举证中的风险与防范措施

1. 举证风险

①当事人应当提供能够充分证明自己所主张事实的证据。除一些法律另有规定的情况外，原告或被告反诉有责任为自己提出的诉讼请求提供相关证据加以证明。证据不足的情况下，当事人应承担举证不利甚至是败诉的后果。

②提供虚假证据的风险。当事人所提供的证据必须是真实的，虚假伪造的证据不仅没有法律效力，而且还可能违反我国《中华人民共和国民事诉讼法》（以下简称《民事诉讼法》）第一百零二条的规定，情节严重者还可能触犯刑法，被追究相关的刑事责任。

③不能提供原始证据的风险。当事人所提供的证据应为原始证据。除一些特殊情况外，向法院提供的证据应是原件或原物，非原件或原物的证明力较低，有可能不被采信，导致败诉。如果证据是在境外形成，还应履行相应的证据效力证明手续，否则无法提供的一方将可能承担证据无效的后果。

④提供取得方式不合法的证据的风险。当事人取得证据的方式必须是合法的，不得以侵害他人合法权益或违反相关规定的方式取得证据。取得方式不合法的证据，不能作为认定案件事实的依据，当事人也将承担证据无效的风险。

⑤证据证明力不强的风险。诉讼当事人应尽可能提供具有较强证明力的证据。证明力弱的证据在认定中将被证明力更强的证据所吞噬，这样会给己方造成

不利后果。

⑥证人不出庭的风险。如在庭上提供证人证言的，需由证人亲自出庭作证，否则将导致证言效力降低，甚至不被法庭所采信，给己方造成不良后果。

2. 防范措施

案件举证风险在防范总体上应遵循"分析、预警、方案、评估、防范"的步骤和合理合法、敏感高效的原则。一般来说，对举证风险的防范主要可从以下几个方面入手：

①证据的收集。案件的当事人应在专业律师的指导之下，有计划、有目的地收集证据，针对案件所采取的具体诉讼策略收集关键证据，建立正确的收集目标，列出收集证据的清单，防止出现证据杂乱、无重点的情况，从而给举证带来麻烦。

②证据的分析整理。经由审查的证据只能确定证据基本有效，而适当的安排则可增强证据的证明力。因此，对于审查后的证据，还应按照诉讼目的和诉讼请求进行分类比较，在横向上区分各个证据的不同效力等级，在纵向上区分各个证据所证明的问题。并依据上诉分类排列组合，选出可以支持诉讼请求的最佳证据组合模式。从而建立一个因果分明、方向性明确的证据体系，避免出现证据不充分的举证风险。

③证据的提交。完成对全部证据的整理之后，并不意味着举证风险已经最小化了。还应从法律职业专业的角度进行审视，证据提交的先后和主次是有一定技巧的，当事人应和律师在证据提交上沟通协调，互相配合，并依据提前制定好的诉讼策略有计划、分步骤地提交证据，避免出现证据提交的疏漏和重复，防止举证不力的情况出现。

④质证的准备。质证可以说是举证过程中最为关键的一步，它关系到证据能否被法院所采信，进而影响到当事人诉求能否得到法院的支持。在质证的准备上，如果对方对己方所出示的证据提出质疑，己方应从容应对；并对对方所取得的证据进行基本的推断与模拟，然后根据法律规定事先拟定对对方证据的质证方式。做好充分的准备，尽最大可能减少质证过程中出现的突发事件，降低当事人举证的风险。

⑤证据的补充。从提起诉讼直到最终宣判，都有可能出现证据不足或者发现新证据的情况。此时应立刻着手收集新的证据，并将证据补充到前述证据体系之中。当事人不能认为举证仅限于开庭之前，这样会导致大量有利证据流失。

⑥举证策略的制定与适当调整。在完成证据体系的构建之后，就基本形成了相应的举证策略，以诉讼目的和诉讼策略为基准对举证策略进行调整。如果能制定两个以上的举证策略，可以在评估后挑选出更优的一个。这样可以最大限度地实现当事人的利益，减少在举证环节中有可能出现的各种风险。

二、诉讼期限

庭审过程中，一些诉讼行为在时间上存在一定限制，如果超出了相应的期限，就将无权做出该诉讼行为或者该诉讼行为会被归为无效。专业律师在庭审过程中，应时刻提醒当事人注意及时行使自己的权利。

有关诉讼期限的防线主要包括：

1. 未能及时申请回避的风险。

2. 超出期限改变诉讼请求的风险。是指对于当事人增加、变更诉讼请求或者提出反诉，应符合法律所规定的期限，如有超出，当事人将面临法院不予受理的风险。

3. 权利请求超出诉讼时效的风险。通常情况下，当事人请求人民法院保护民事权利的时限为三年（特殊情况为一年）。原告向人民法院起诉之后，被告提出原告的起诉已超出法律的保护期限，如果原告不能以正当的理由为超出法律保护期限的事实提供证据，那么将面临其诉讼请求得不到法院支持的风险。

3.3 案件执行阶段的风险控制

一、执行阶段的风险提示

一般来说，在案件的执行阶段主要有以下几种风险：

1. 申请执行人不在法定的期限内申请执行的风险

当事人的不同，会导致申请强制执行期限的不同。双方或一方当事人是公民的，期限为一年；双方是法人或者其他组织的，期限为六个月。期限自生效法律文书所确定的履行义务期限届满之日开始计算。法律文书规定进行分期履行的，从规定的每次履行期间的最后一天起算。申请执行人需在法定期限内提出强制执行申请。没有法定理由逾期申请的，将被视为放弃申请执行，法院将不予受理。

2. 不按时交纳申请执行费的风险

申请人须按照相关规定，缴纳一定数额的申请执行费，否则将承担自行撤回申请处理的风险。

3. 被执行人下落不明的风险

我国相关法律规定，申请人有义务向人民法院提供被执行人的财产状况及线索。如申请人不能提供被执行人的下落和财产状况，法院将无法查实被执行人可供执行的财产，申请人将承担暂缓执行，甚至无法执行的风险。

4. 继承人或权利承受人申请执行的风险

对于申请人无法提交继承或承受权利证明文件的，将承担因申请人不明确暂缓执行或中止、终结执行的风险。

5. 无足够财产可供执行的风险

被执行人虽有财产，但不足以抵偿全部的欠款。在这种情况下，会导致剩余的欠款得不到清偿或剩余欠款的执行时间过长，造成执行拖延的风险。简单来说，当被执行人没有足够的财产履行生效法律文书确定的义务时，人民法院可能会对未履行的部分裁定中止执行，申请执行人的财产权益将可能暂时无法实现或者不能完全实现。

6. 执行申请不当的风险

执行请求漏项可能导致未请求的部分被视为放弃权利的风险。执行请求的增加、变更应该在执行期限内提出，超出期限将不予执行，按放弃权利的方式处理。

7. 被执行人为破产企业的执行风险

如果被执行人的企业法人已经进入破产程序，那么该案将依法中止执行。被执行人被宣告破产，其财产不足以清偿全部债务的，将对各债权人的债权按一定比例清偿。申请人将不能得到全额清偿甚至得不到清偿而终止执行。

8.案外人对执行标的异议的风险

当案外人对执行标的提出异议时，执行申请人将面临该执行被中止、解除或撤销的风险。依据相关法律规定，案外人异议成立的，其所提出的异议执行标的物是法律文书指定交付的特定物的，中止执行；所提出异议的执行标的物不属于生效法律文书指定交付的特定物的，停止执行；对已经执行的立即给予解除或撤销，并将该标的物交还给案外人。

二、执行风险防范

为确保判决顺利执行，在申诉的执行中，应注意如下程序和方法：

1.应对执行案件的管辖法院有所了解。我国《民事诉讼法》规定，发生法律效力的民事判决、裁定及刑事判决、裁定中的财产部分由一审人民法院执行。

2.法院受理执行的条件。申请或已送执行的法律文书已经生效；申请执行人是生效法律文件确定的权利人或者其继承人、权利承受人；申请执行人在法定期限内提出申请；申请执行的法律文书有给付内容，并且执行标的和被执行人明确；义务人在生效法律文书确定的期限内未能履行义务；由受理执行申请的人民法院负责管辖。

3.向法院申请执行所需要提交的主要文件。执行申请书；申请执行人的身份证明；作为执行根据的生效法律文书；继承人或权利承受人申请执行的，应提交继承或承受权利的证明文件。

除此之外，从被执行人的角度来说，当申请人向法院提交申请执行书并得到受理后，三日之内会收到由法院发出的执行通知，明确履行期间。如在此期间内，被申请执行仍不予履行，那么法院会采取强制执行的措施，如冻结、划拨存款，扣留、提取收入；查封、拍卖、扣押、变卖财产；搜查隐匿财产；强制退出土地、强制迁出房屋等。

总而言之，申请人在申请执行期间应具有两个意识：第一，继续举证意识。应尽可能向人民法院提交必要的文件和证件，如一些可供法院了解的被执行人的财产状况和线索。这是民事诉讼中,"谁主张谁举证"责任制度的延续。作为申请执行人,应承担起举证责任,包括提供被执行人的居住地、工作单位、银行账号、收入情况及财产状况,包括动产、不动产、知识产权及其他可供执行的权益。如果被执行人为法人,还应表明该法人的出资人是否出资到位,是否有抽逃、转移注册资金的情况。若申请人没有履行这些责任,则有可能给执行带来中止或终结的后果。第二,市场风险意识。在实践当中,并非所有裁判文书都能得到执行,一些司法文书只是对双方权利义务做出的判断和确定,能否实现还要取决于很多因素。比如,被执行人是生活困难无力偿还欠款、无财产且无收入来源的公民,或被执行人是已停产甚至破产的企业,那么该类案件只能中止执行,等到被执行人有执行能力后再恢复执行。此类案件不能得到执行的原因,不能归结于法院,而应归结于当事人承担的市场风险。

附录：案件管理工作表单

档案索引图表

部门：

序号	档案号	档案名称	建档日期	储存位置	档案内容	保存期限
1						
2						
3						
4						
5						
6						
7						
8						
9						
10						
11						
12						
13						
14						
15						

归档案卷目录

卷宗号：　　　　　　目录号：　　　　　　部门：

案卷顺序号	立卷类目号	案卷标题	起止日期	卷内张数	保管期限	备注

文件保管备查簿

类别： NO.

归档日期	原文件编号	内容摘要	经办单位	档号	预定保存日期	份数		备注
						副本	影本	

作废档案焚毁清册

年　月　日

档号	收文号	发文号	焚毁简单原因	档案起讫日期

核准：　　　　　　监焚：　　　　　　焚毁执行人：

调查单

NO.

年　月　日

类别		调卷部门		调卷人	
文件内容摘要					
调卷用途					
调卷期限	自　年　月　日起至　年　月　日止，计　日				
原收入编号			借出日期	年　月　日	
档号			归还日期	年　月　日	
备注			保管人签章		

审核：　　　　　　主管：　　　　　　调卷人：

Chapter 5
合规管理业务实操

第一节 | 什么是合规管理

2008 年，某欧洲著名企业公司因涉嫌多项海外行贿活动而遭到指控。为此，该企业不仅支付了高达 16 亿美元的巨额罚金，还在案件调查期间，花费了 10 亿美元的巨款用于内部调查、改革及律师费，总金额创下了现代企业有史以来的最高纪录：26 亿美元。

该公司遭到了巨大损失之后，以惊人的速度做出了调整，它更换了企业领导层、雇用美国律师开展全球调查，全面加强合规控制体系。该公司的努力得到了美国司法部门的高度评价，他们认为该公司以超乎寻常的努力实施了亡羊补牢及自我清理的措施，建立了世界上最先进的"超一流"合规体系。也正因如此，该公司受到了从轻处罚，避免了因高额处罚而破产的风险。

合规一词来源于英语中的"compliance"，原意指的是遵守、遵从、依从。狭义上的合规是指遵守法律及监管规定，简言之就是守法和合法。

广义上的合规是指在遵守法律法规的同时，也应遵守企业伦理、内部规章和社会道德规范，诚信并履行企业的社会责任。本书所谈到的是广义上的合规。

1.1 合规管理的现状

在现代的企业管理模式下，合规管理是从法律和商业道德的角度告诉企业应如何保证企业的长期稳定发展。随着市场经济和现代企业的发展，合规管理也越来越受到中国企业的重视。现阶段，我国企业的合规管理仍存在一些问题。

首先，合规的外部环境存在一定问题。从我国的法治建设层面来看，一些相关的法律法规还不够健全。在市场机制的作用下，一些企业已经意识到了合规管理的重要性，并在一定程度上加强本企业的合规风险防范。但在法律法规不完善的前提下，很多违规的行为仍不能得到根本治理，如反商业贿赂的相关规定就不够具体，使一些不法分子有机可乘。

一些开展合规管理的企业对内部合规政策的制定缺少法律指导，实施起来不能到位，使得很多不合规的部门仍可以在灰色地带经营而不受制裁，对那些合规的部门非常不公平，进而导致企业开展合规管理的成本增加，处境十分尴尬。从合规管理外部环境来看，中国社会仍十分重视"人情来往"，使很多不合规的行为在现有的法律环境和社会道德环境下无法得到确认，也不能被处理。更有甚者，一些跨国企业也入乡随俗，在挑战中国合规的底线。这些现象对中国企业开展合规管理非常不利。

其次，合规管理体系建设不够规范。合规管理的重点在于企业应如何开展经营活动，其主要的内容包括公司治理、规章制度与内部道德规范、内部风险控制、行为守则完善。一个完善的合规管理体系即可以有效地控制企业所面临的外部风险，如公平竞争、信息披露、不侵犯第三方权益等。

一个完善有效的合规管理体系应包括合规执行官、合规监督机制、合规培训机制、合规风险评估和防范机制。但在中国企业建立合规管理体系时，特别是在制定内部行为守则时，往往是奉行"拿来主义"的照搬照抄，或者来自外部的法律顾问标准模版，再或者是参考自己国家大公司的网站等。这样制定的行为守则不仅不利于企业的合规管理，还会由于行为守则与企业实际情况不匹配，将导致成本的增加和员工的无所适从。

其实，大部分中国企业对于合规管理的认识还只是停留于表面，当需要建立合规管理体系时，只是简单的"拿来主义"便涵盖了整个合规管理内容。一个完整、有效的合规管理体系应有十分清晰的合规管理导向、十分有效的合规管理组织、全面可行的合规管理设计方案和切实高效的合规监督机制。

最后，合规管理的形式化。很多中国企业在经营管理上都会有一些合规管理的内容，如内部管理人员、行为守则、相关的规章制度等。虽然有了内容，但更重要的是能不能切实地发挥功效。很多时候，中国企业所制定的合规管理制度在执行上并不规范，尤其是需要在合规和经营利益做取舍时，合规成了一纸空文，被企业的经营利益所掩盖。

1.2　合规管理的意义

第一，合规管理关系到企业的生死存亡。违法违规事件的发生，必然会对一个企业造成巨大的影响，甚至可能彻底摧毁该企业长年累月树立起来的良好信誉。这样不仅会对企业的经营造成负面影响，还可能让企业招致法律的制裁，给股东、客户、员工及市场带来非常恶劣的影响。那些不堪打击的企业，很可能一蹶不振，破产倒闭。

第二，合规管理可提高企业的竞争力。良好的合规管理可以为企业预防商业风险，遏制违规违纪案件的发生，提高企业经营管理水平。合规与企业的风险控制、成本控制、资本汇报等企业经营的核心要素有正相关的关系，能够直接给企业创造价值，而且完善有效的合规管理还能在无形中消灭不合规的风险。

第三，合规管理能有效促进企业的可持续发展。企业在追求经济效益的同时，也要履行相应的社会责任，不得违反相关的法律法规，这样才能使企业得到稳步、可持续发展。要做到这一点，就要求公司构建完善、可行的合规管理体系。

第四，合规管理也是完善企业制度体系的需要。企业赖以生存的质量效益来源于依法合规的经营，这要求企业在每个生产、经营环节都不得触犯法律法规。所以，企业的发展就要以合法、合规经营为前提，这样才能在源头上规避风险。

1.3 合规管理的发展方向

一、合规管理已经成为席卷国际企业管理领域的新潮流、新趋势

近些年来，国际上开展了轰轰烈烈的企业社会责任活动，上至联合国、各国政府，下至跨国企业、公司都陆续受到影响。如今，企业的社会责任已经成为全国企业高度重视的话题。在科学发展观的贯彻与实施下，中国企业已经把社会责任运动推向了高潮。但是，自2008年以来，国际金融危机的爆发对全球经济产生了巨大负面影响，其连锁效应直至今日也没完全被消除。特别是近年来的美债危机、欧债危机，实际上都是当时采用临时刺激经济计划所产生的后续反应。

近几年，国际社会不断反思这些危机，认为美国之所以爆发次贷危机与华尔街高管的商业道德缺失及违规操作有着直接关系，进而对商业道德、监管法制与市场经济的平衡发展有了全新的认识。因此，监管部门对企业遵守规则的经济性已经得出结论。从长远的角度来看，企业合规经营必能提升企业的信誉和品牌的影响力。

与此同时，净化商业环境也有利于企业通过商品和技术进行竞争，从而推动科技与社会的进步，提升企业的核心竞争力，这样企业才能壮大发展。相反，如果整个商业环境不断恶化，甚至危及整个社会经济的发展，势必会加速企业的衰败。基于此，一系列公约及法律规定便应运而生。当前，合规管理这一国家潮流刚刚兴起，可预见在几年内，合规必将产生巨大的影响力。

二、加强合规管理是我国企业向国际化迈进必修的一课

合规管理已经加入国际法律范围。从以往反商业贿赂的经验来看，凡新加入的OECD国家，国内的商业贿赂案件都得到大幅度减少。

英国反贪污法也要求，企业必须执行相应的程序。美国司法部长官认为，凡是与美国企业相关，哪怕是某国家分支机构的员工，抑或任何国家公司在美国的企业机构，司法部皆有权一查到底，且具有惩罚的权力。

随着我国经济迅速发展，我国企业也迅速成长壮大，有越来越多的机会参与到国际化竞争和海外直接投资。为了抓住这些机遇和应对挑战，我国企业应尽早加强合规管理，避免出现类似于西门子公司的情况。

三、未来的几年，合规管理有可能引发全国企业管理领域的观念革命

近几年，我国国内商业腐败越来越严重，频频出现食品安全问题、生产安全事故。根本原因就在于企业"言行不一""有法不依"的管理方式。因此，随着我国企业成长阶段的提升，并配合反腐工作和民主改革进程，合规必将引发新一轮的管理观念革命。

第二节 ｜ 合规管理的制度与流程

2.1 合规管理的制度构建

合规管理工作的机制主要为预防、控制、监督、问责。在预防阶段，要做好制度与流程的设计，合规培训工作和风险评估预警；依托于重要事项合规审查、合规事项登记报告、建立合规档案等方法实施监管与控制；通过对合规的举报调查、评价、审计和测试等手段，达到监督的目的；以实施处罚与整改的问责过程，修订相关的制度流程过程来固化合规管理的成果。管理内容上，突出"商务"领域和活动；管理环节上，突出"预防"控制和把关；管理对象上，突出"权力"部门和人员；管理要求上，突出"从严"监督和追责。

一、健全合规管理组织架构

企业内部形成一个统一领导、分级管理、责任明确和落实合规的管理机制，确保责任明确、全面覆盖、全员合规，形成各负其责、协同联动的工作格局。

二、完善合规管理制度和流程

建立一套完善的合规管理制度规范，使企业能够有规可依、配套衔接、操作方便。合规管理的过程其实就是制定和实施合规管理制度的过程，而合规管理与制度管理的最终目的都是贯彻落实法律法规要求，达到促进企业依法管理规范运营的目的。

三、强化全员合规教育培训

通过制度化、常态化的教育培训，可使员工，尤其是领导干部和关键岗位人员，真正掌握公司合规管理的基本要求，熟悉本岗位所涉及的规范要求、岗位风险及其防控要领，从而养成依法合规的自觉行为习惯。

四、严格相关事项登记报告和审查制度

登记报告的事项主要有：在集团公司及其控（参）股企业以外的企业兼职、本人或亲友投资（或管理）的非上市企业，拟与集团公司或所属企业交易、向集团公司或所属企业推荐交易对象和其他可能涉及利益输送或利益冲突的事项。

五、加强合规评价考核

主要评价内容包括员工参加合规培训、掌握合规知识和要求、遵守合规制度以及以往违规问题的整改等情况，对领导干部，除上述内容外，还要评价其在领导岗位履行合规培训职责、组织落实合规制度、完善合规管理机制、防控合规风险等方面的情况。

六、加大违规举报及查处力度

严格管理违规行为的调查处理程序，对举报的问题，做到有登记、有调查、有处理、有反馈，及时发现并消除违规隐患、惩戒违规行为。对违规举报的受理及查处，主要由纪检监察部门负责；对涉及反垄断、反不正当竞争的调查，由合规管理部门负责。

七、建立完善员工合规档案

员工合规档案不仅关系到员工的考核评价、任用和奖惩，还是公司对员工合规管理尽职尽责的重要证据。合规管理部门要依据管理的权限，分别负责相关人员合规信息资料的收集、整理和归档管理，做好员工的所有违规行为及其处罚情况、被检举和调查处理情况的记录，将员工参加合规培训、履行合规承诺、登记报告合规事项的情况及合规评价情况等原始材料全面归档备案，保证员工合规档案齐全完备。

2.2 合规管理的基本流程

一、企业合规的风险标识

所谓企业合规风险标识，是指在合规风险发生之前，分析判断企业内部合规

风险的存在或发生的可能性及其产生的原因等，且通过收集、整理企业所有合规风险点所形成的合规风险列表，以便于进一步对合规风险进行评估和检测等系统性活动。合规风险识别是合规管理的第一个阶段，也是对合规风险的定性，以及对整个合规管理的基础。

一般来说，合规风险识别分为两个阶段：第一阶段，感知风险，了解各种合规风险；第二阶段，分析风险，分析引起风险的各种因素。

二、企业合规的风险评估

所谓企业合规风险评估，是对评估期间被评估单位的全面或专项经营管理活动中所涉及的企业各项政策规章、指南、操作规程的合规性进行总结性评价的过程。合规风险评估是对合规风险检测及分析成果的归纳，风险的检测及识别是持续化且常态化的。而评估频率和范围是相对固定的，因此合规风险评估报告每年进行一次至两次最为适宜。合规风险评估体系主要包括评估的内容、评估的方式、评估的标准、评估的依据及评估报告的途径等方面。

三、企业合规风险评估的内容

一般来说，企业合规风险评估的主要内容包括以下方面：制度是否明确、制度是否得到遵守、违反制度是否发现、违反制度是否处理、出现问题的制度能否得到及时修正。除此之外，客户的投诉也可以反映制度存在的问题，成为合规风险信息的重要来源及合规评价的重要途径。合规风险评价及内部审计、业务部门自律监管、内部控制评价等有明显的区别，不宜再大量对业务操作进行细致检查，而应当把工作重点放在"规矩"的制定和修正上。

四、企业合规风险评估的方式

在各个业务条线及分支机构的负责人应对本条线和本机构经营活动的合规性负首要责任的框架之下，为了减少重复进行劳动，合规风险评估通常以非现场评估为主，现场评估为辅的方式进行。其中的非现场评估主要是指对被评估单位提供的书面文件材料，如规章制度、操作流程、监督部门的报告、自律监管的报告等进行分析、归纳与评估。现场评估主要是指深入被评估单位，对业务个案进行抽查，询问相关人员、调查问卷等。

五、合规风险识别及评估的步骤

首先，应收集企业所有的合规风险点，并掌握大量准确的统计数据及资料；其次，深入分析合规风险所产生的原因；最后，就合规风险发生的可能性及其对企业影响程度的大小进行分类，可将其设置成"高、中、低"三个分类标准。

六、合规风险的评估依据及评估标准

合规风险的评估应以行政法规、法律条例、部门规章、其他规范性文件、行业准则、经营规则、行为守则及职业操守等为准则。以是否适用于企业本身业务发展的规章制度作为重要的变量进行评估。由于合规风险与市场风险、操作风险等其他风险相比，具有可识别性差的特点，导致其评估的标准成为实践中的一个大难题。一般认为，合规风险的评估标准主要应考虑以下两个因素，一是"违法违规"的性质及程度；二是可能对企业造成损失的风险程度。

七、合规管理部门的报告内容

合规管理部门应通过实施充分且具有代表性的合规测试来监控并测试企业的合规情况。测试得出的结果应根据本企业内部风险办理程序，通过合规管理部门的报告路线向领导报告。合规管理的负责人应定期向高层领导报告合规工作。报告的内容应包括报告期间的合规风险评估结果；在执行指标等相关计算基础上，反映合规风险状况的变化；已经确定的违规情况和问题的总结，以及提出建议采取和已经采取的整改措施。报告的形式应当以企业合规风险状况和活动相称。

八、合规风险评估报告的途径

合规风险评估报告的途径应与我国企业组织结构相结合，不得盲目套用发达国家企业的报告途径或第三方服务机构的模板。当前合规风险监测分散于各个业务部门，实行矩阵式的报告线路，更能加强决策层对操作层的监管。具体来说，各业务部门内设立的合规经理对本部门领导负责，同时也向合规风险综合管理部门报告风险信息，并接受其业务指导、检查及监督。合规风险综合管理部门对本层级领导负责，同时也向上级合规风险归口综合管理部门报告风险信息，接受其业务的检查、指导和监督。矩阵式报告线路的设计，可以给公司内合规风险信息归集和场地提供畅通的渠道，这样不仅有利于提高风险管理的效率，还有利于加强风险的预防。

九、健全合规风险评估及检测体系的建立

应对业务流程的各个环节加以计量、识别、监控及控制，对影响企业合规管理实现的各类风险进行连续的评估。通过事前的风险评估，给业务部门决策提供参考，减少决策的盲目性；通过适中的连续性评估和跟踪监测，控制业务进程；通过事后监督及分析，评价风险并采取必要的措施减少风险。具体来说，企业一般可采取以下步骤：

1. 依据各项业务的特点，设立系统性、层次化的风险标识体系。可借鉴国际上通行的风险分类方法，将企业所面临的各种风险分类，如划分为财务风险、法律风险、市场风险、信誉风险及策略风险等。这些风险有来自内部的，也有来自外部的。所以分类的时候，应依据业务特点及涉及的各个层次，建立多元模库和子项。

2. 建立风险动态预警机构。开展新业务时，应体现出"合规优先"的要求，可事先制定相关的策略、制度及程序，对潜在的风险进行计量和评估，提出风险防范的措施。定期全面评估各类风险的水平及发展方向，并检验各项控制措施能否得到有效控制，进而明确所采取的补救措施。

3. 建立约束管理者的制衡机制，如以"防"为主的控制体系，以"堵"为主的监控防线。对单位相关人员的业务活动，必须明确业务处理的权限及应承担的责任。单位的各个岗位、各个环节、各个业务须进行日常性和周期性的检查，及时发现漏洞，并予以处理。

2.3 合规管理的基本模式

一、编制合规手册，作为将来合规管理的基本依据

要想实现合规的科学管理，首先需要依据该公司的实际情况编制一部合规手册，以此作为公司全体员工普遍遵守的行为准则。虽然每个公司的具体情况不同，合规制度也有一定差异，但内容基本都是对本公司员工对外交往和内部关系方面的行为做出规范。

美国一些大公司尤其重视对企业的合规管理，普遍将合规作为公司核心价值观和经营管理行为的底线。比如，通用电器公司所制定的《诚信精神与政策手册》，在阐述通用公司合规管理理念及管理要求的基础上，还围绕与客户交往、与供应商交往、与政府部门交往、与竞争对手交往等事务的具体事项，以事例的问答方式明确了合规的具体要求和行为准则。

二、将合规管理作为独立的职能业务，建立高效的合规管理体系

很多美国企业都将合规管理的主要目标确定为：预防和发现公司犯罪行为，在较早的阶段发现错误，以最快速度处理，将负面影响降到最低；倡导符合法律和道德的企业文化，营造重视合规的企业文化，给企业创造一个能阻止错误并减少员工犯错的环境。因此，大多数美国企业都会将合规管理作为法务部门的重要职能之一，并设立相应的首席合规官。首席合规官通常受总法律顾问领导，专门负责企业的合规事务，确保企业依法运行。

三、建立一套完善高效的合规管理机制

1. 建立员工合规承诺制度。要求每位员工每年签订承诺书，对遵守公司的行为准则做出承诺。

2. 定期进行合规培训，强化培训制度。

3. 建立良好的沟通及举报制度。确保任何员工对可能发生或已经发生的违法违规行为和与之相关的问题，都能通过面谈、电子邮件、电话等形式向自己的上级领导或合规管理部门、公司法务顾问报告。随后公司需成立审查小组进行调查和处理，将结果反馈给员工。

4. 建立合规风险评估及应对机制。可通过会议的形式，定期对某项业务或某一区域所存在的合规管理风险及问题进行评估，经研究制定出解决措施并组织实施。

5. 建立合规考核、评价制度。将诚信合规作为员工的考核、任用的标准和依据。

四、企业的管理层和基层员工都要参与到合规管理中，并注重合规文化的培养

很多美国企业都会重视员工和合作伙伴合规理念的养成，要求各个业务部门及分公司的首席执行官、总经理、销售总管都要重视合规培训，亲自讲解合规的规则和政策，把能否宣传、推广或传播这一价值理念作为衡量领导是否称职的重要标准。这些公司也非常重视管理层人员在合规管理中的作用，要求管理层人员除了要严格遵守法规之外，还要及时发现、预防、处理违法违规情况，努力营造遵守规范的文化氛围。

QIYE FALÜ GUANLI BIBEI
ZHIDU YU SHICAO

Chapter 6
知识产权管理业务实操

第一节 ｜ 认识企业的知识产权

2015 年，世界著名时尚品牌香奈儿公司起诉一位名叫文某的商人，并称其在销售鞋、钱包等商品时，使用了与香奈儿商标相同的标识，侵犯了香奈儿公司的商标权。

当年 9 月，涉案地人民法院一审认为，文某确系侵犯香奈儿公司注册商标专用权，而租给文某店铺的某公司及某酒店并不构成侵权，香奈儿公司表示不服，并随即上诉。最终，广州知识产权法院二审改判，文某及同案两家企业连带赔偿香奈儿公司经济损失及合理费用 5 万元。

香奈儿公司是 20 世纪 50 年代在法国成立的股份公司。通过数十年经营，香奈儿已经成长为世界著名奢侈品牌，其品牌价值无法估量。当一些不法商家侵犯其商标专用权时，香奈儿立即采取法律手段做出了回应，维护了本公司的知识产权不受侵犯，并获得了一定的经济损失赔偿。

企业经营中必须对知识产权足够重视，及时处理不法商贩侵犯知识产权的行为。所谓知识产权，也称为"知识所属权"，指的是"权利人对其智力劳动所创作的成果享有的财产权利"，一般只在有限时间内有效。各种智力创造如发明、外观设计、文学和艺术作品，以及在商业中使用的标志、名称、图像，都可被认为是某一个人或组织所拥有的知识产权。

1.1 版权相关法律概述

一、版权的概念

版权（英文名称：copyright）也叫著作权，指的是文学、艺术、科学作品的作者对其作品享有的权利（包括财产权、人身权）。著作权是公民、法人依法享有的一种民事权利，属于无形财产权。版权也是知识产权的一种类型，涉及方面有：自然科学、社会科学以及文学、音乐、戏剧、绘画、摄影、计算机软件等作品。

版权主要表现在以下三个方面：

第一，享有著作权的作者可以决定是否对他的作品进行著作权意义上的使用；

第二，享有著作权的作者可以决定是否就他的作品实施某些涉及他作品的人格利益的行为；

第三，享有著作权的作者必要时可请求相关国家机关以强制性的协助来保护或实现他的权利。

二、版权登记的重要性

1. 获得法律认可保护。国家支持和保护原创作品，作品经过登记后，可以取得权威版权证书，也就是从法律层面充分保护权利人的智慧成果，不受任何组织和个人的侵犯。

2. 掌握维权举证材料。版权登记可以维护作者或其他著作权人和作品使用者的合法权益。版权证书能直接作为获取著作权归属的证据，一旦发生纠纷，可在司法诉讼时作为权利的证明。

3. 便于版权作品交易。当作者进行版权转让、版权贸易、版权许可等活动时，需要版权证明文件来与另一方签订合同，促进版权作品更好地转化和利用，实现传播和经济价值。

4. 提升企业资质的砝码。版权是一种知识产权，也是企业创新实力的表现，能够增强企业市场的有效竞争力。同时，还是进行高新技术企业认定、企业无形资产评估等的重要支撑条件。

三、受法律保护的作品

受法律保护的作品有：口述作品；文字作品；戏剧、音乐、舞蹈、曲艺、杂技艺术作品；摄影作品；美术、建筑作品；工程设计图、产品设计图、地图、示意图等图形作品和模型作品；电影作品和以类似摄制电影的方法创作的作品；法律、行政法规规定的其他作品。

四、著作权的主要权利

著作权包括财产权和人身权：发行权、复制权、出租权、表演权、展览权、放映权、广播权、翻译权、信息网络传播权、改编权、摄制权、汇编权；署名权、修改权、发表权、保护作品完整权等。

五、可登记的作品

1. 作品应当限于文学、艺术和科学领域内的智力创作成果；

2. 作品必须要有独创性；

3. 作品应当表达一定的思想和情感；

4. 作品应具有相对的完整性；

5. 作品应有一定的客观表现形式；

6. 作品必须可以被复制。

六、著作权的保护期限

个人版权期限为版权拥有者终生及去世后第 50 年的 12 月 31 日，单位与法人版权有效期为作品首次发表后第 50 年的 12 月 31 日。作者的署名权、修改权、保护作品完整权等人身权的保护期限不受限制。

七、常见版权侵权行为

1. 未经著作权人许可，发表其作品的；

2. 未经合作作者许可，将与他人合作创作的作品当作自己单独创作的作品发表的；

3. 没有参加创作，为谋取个人名利，在他人作品上署名的；

4. 歪曲、篡改他人作品的；

5. 剽窃他人作品的；

6. 未经著作权人许可，以展览、摄制电影和以类似摄制电影的方法使用作品，或者以改编、翻译、注释等方式使用作品的，我国法律另有规定的除外；

7. 使用他人作品，应当支付报酬而未支付的；

8. 未经电影作品和以类似摄制电影的方法创作的作品、计算机软件、录音录像制品的著作权人或者与著作权有关的权利人许可，出租其作品或者录音录像制品的，我国法律另有规定的除外；

9. 未经出版者许可，使用其出版的图书、期刊的版式设计的；

10. 未经表演者许可，从现场直播或者公开传送其现场表演，或者录制其表演的；

11. 其他侵犯著作权以及与著作权有关的权益的行为；

12. 未经著作权人许可，发行、复制、放映、表演、汇编、广播、通过信息网络向公众传播其作品的，法律另有规定的除外；

13. 出版他人享有专有出版权的图书的；

14. 未经表演者许可，复制、发行录有其表演的录音录像制品，或者通过信息网络向公众传播其表演的，著作权法另有规定的除外；

15. 未经录音录像制作者许可，复制、发行、通过信息网络向公众传播其制作的录音录像制品的，著作权法另有规定的除外；

16. 未经许可，播放或者复制广播、电视的，著作权法另有规定的除外；

17. 未经著作权人或者与著作权有关的权利人许可，故意避开或者破坏权利人为其作品、录音录像制品等采取的保护著作权或者与著作权有关的权利的技术措施的，法律、行政法规另有规定的除外；

18. 未经著作权人或者与著作权有关的权利人许可，故意删除或者改变作品、录音录像制品等的权利管理电子信息的，法律、行政法规另有规定的除外；

19. 制作、出售假冒他人署名的作品的。

1.2 商标权和专利权

一、商标权的概念及内容

1. 商标与商标专用权的概念

商标指的是企业、事业单位和个体工商业者为了使其生产经营的商品或者提供的服务项目有别于他人的商品或服务项目，用具有显著性的图形、文字、数字、声音、字母、颜色和三维标识组合或上述要素的组合表示的标识。商标可分为服务商标和商品商标两大类。

商标专用权指的是企业、事业单位和个体工商业者对其注册的商标依法享有专用权。由于商标具有表示产品信誉和质量的作用，他人使用商标所有人的商标可能会对商标所有人的信誉造成损害，必须严格禁止。

2. 商标权的内容和保护对象

商标权指的是商标所有人对注册商标所享有的具体权利。与其他知识产权有所不同，商标权的内容只包括财产权、商标设计者的人身权受知识产权相关法律保护。

商标权包括使用权和禁止权两个方面。使用权指的是商标注册人对其注册商标充分支配和完全使用的权利，权利人也有权将商标使用权转让给其他人或通过合同许可他人使用其注册商标。禁止权指的是商标注册人禁止他人未经其许可而使用注册商标的权利。

商标权的保护对象是指经过国家商标管理机关核准注册的商标。对于未经核准注册的商标，法律不予保护。商标注册人有权利标明"注册商标"或注册标记。任何能够将自然人、法人或其他组织的商品与他人商品区别开的标志，如图形、文字、数字、字母、颜色、三维标识、声音等或者上述要素的组合，均可作为商标申请注册。

3. 商标注册的申请、审查及批准

商标注册是指自然人、法人或其他组织将已经准备使用的商标，按照法定条件、原则及程序，向商标局提出申请，经商标局核准注册，授予商标专用权的法律事实。

4.注册商标的续展、转让及使用许可

注册商标的有效期为十年，自核准注册之日开始计算。商标与其他知识产权的客体不同，往往商标的使用时间越长越有价值。商标知名度较高的前提往往是长期的使用。因此，注册商标可无数次提出续展申请。对于注册期满，需要继续使用的，商标注册人应在有效期满前的十二个月内申请续展注册。在此期间未能提出申请的，可给予六个月的宽展期。在宽展期内仍未提出申请的，注销其注册商标。每次续展注册的有效期为十年。

二、专利权的概念及内容

1.专利权的概念及法律特征

专利权指的是专利权人在法律规定的范围内独占使用、收益、处分其发明创造，并排除他人干涉的权利。专利权具有地域性、时间性及法律确认性。此外，专利权还具有以下法律特征：

①专利权是两权一体的权利，既有财产权，又有人身权。

②取得专利权须经专利局授予。

③专利权的发生应以公开发明成果为前提。

④专利权具有利用性，专利权人在一定期限后如不实施也不许可他人实施其专利权利，相关部门将采取强制手段，使专利得到充分利用。

2.专利权所有人的权利

①独占实施权。独占实施权包括两个方面。其一，专利权人对专利产品依法享有制造、使用、销售、允许销售的权利，或者专利权人对其专利方法依法享有专有使用权。其二，任何单位或者个人未经专利权人许可，都不得实施其专利，即不得以生产经营为目的制造、销售、进口其外观设计专利产品。

②转让权。专利权人可将专利所有权转让给他人。

③许可实施权。专利权人通过实施许可合同授权他人实施其专利，从中获取

专利许可费或其他利益。

④标记权。专利权人享有在其专利产品或者该产品的包装上标明专利标记和专利号的权利。

⑤请求保护权。当专利权人认为其专利权受到侵害时，享有向人民法院起诉或请求专利管理部门处理以保护其专利权的权利。

⑥放弃权。专利权人有权在专利有效期前，以书面形式声明或通过未按时交纳年费的方式自愿放弃专利权。

⑦质押权。专利权人享有将其专利权中的财产权进行出质的权利。

关于以上 7 项权利，有几个注意事项：

①放弃专利权一事具有不可逆转性，须三思而行。

②关于转让权，专利转让当事人需签订书面合同，经专利局登记并公告后方可生效。

③关于放弃权。

A. 专利权人提出放弃专利权声明后，经专利局登记和公告，专利权终止。

B. 专利权由一人或一个单位以上共有的，单方面弃权无效，需所有权利人同意。

C. 若专利已经授权他人实施，放弃专利权还要得到该被许可人的同意，并根据规定给予一定赔偿。

3. 专利权人应履行的义务

①按规定缴纳专利年费的义务。专利年费又叫专利维持费，专利权人应当自被授予专利权的当年开始缴纳年费，直至专利失效。

②不滥用专利权的义务。在法律所允许的范围内选择其利用专利权的方式并适度行使自己的权利，不得损害他人的知识产权和其他合法权益。

1.3　知识产权保护

知识产权是指人类智力劳动产生的智力劳动成果所有权。它是依照各国法律赋予符合条件的著作者、发明者或成果拥有者在一定期限内享有的独占权利，一般认为它包括版权（著作权）和工业产权。

1. 知识产权的作用

①保护产品

以专利来举例，专利产品首先可以排除竞争对手的复制和模仿，提高专利产品在产品市场中的份额。

②防御

对企业而言，既要保护自己的产品不被侵权，也要防止自己的产品侵犯他人的权利。因此知识产权就像"盾牌"一样，能够有效防止其他企业的"矛"。

③增加企业无形资产

无形资产的价值不可低估，如某技术含量高的专利，一个信誉良好的商标，其蕴含的市场价值是不可估量的。

④企业创新能力的证明

如何判断一个企业的创新能力，有一个简单的方法就是了解该企业知识产权的拥有量。知识产权拥有量越多，就越能证明企业的创新能力，也可以以此获取客户信任，树立企业品牌。

除此之外，知识产权还能为企业带来许多利益，如许可他人使用知识产权的许可费，申请政府项目、无形的广告效应、获取政府资金支持等。

2. 保护知识产权

我国对知识产权的保护意识一度非常弱，甚至还曾经出现过"水浒传"和"西游记"两个古典名著商标被日本公司抢注的事件。对于个人或企业，应如何有效地保护自身知识产权呢？具体来说，可总结为以下两点：

①提高知识产权意识，学习知识产权的基本知识；

②寻找一家比较可靠的知识产权代理公司或律师事务所提供服务。

企业应当建立正确的知识产权策略，不能贪图虚名，应求真务实，从建立系统规范的知识产权管理制度，设立知识产权部门，指派专门人员从事知识产权工作等方面入手。

积极迅速地进行前期确权。我国商标采取的是在先申请原则，所以应及时递交商标注册申请，避免被他人抢先注册；专利还需具备新颖性，不属于现有技术，不能在申请前有公开行为，所以为了避免丧失新颖性，应及时递交申请。

面对侵权行为不能软弱，应采取相应的法律措施积极维护自身利益。

第二节 ▎知识产权管理体系

2.1 知识产权管理的组织架构

知识产权管理组织的设置是确保企业知识产权工作能够顺利开展的重要因素之一。一个良好完善的知识产权组织构架，不仅需要基层知识产权经理的基础性工作，还需要企业高管从战略的角度进行宏观把控，并在知识产权工作的具体实施过程中给予一定必要的资源支持和技术指导，这样知识产权工作才不会陷入推进艰难的窘境，从而顺利发展。

但在现实的企业运营中，知识产权经理往往忙于产品研发，无暇管理专利申请。市场部门忙于产品推广销售，没有时间处理知识产权问题。这样不仅大大阻碍了企业知识产权工作的开展，还使很多有价值的技术、必要的风险工作都不能得到保障和开展，使企业丧失了继续发展的动力。

鉴于此，企业必须调整完善知识产权管理的组织构架，使其适应企业战略的发展，让知识产权工作得到顺利进行。一般来说，知识产权管理的组织构架主要包括以下几个方面：

1. 知识产权领导小组

该小组一般由企业高管领导组成，如企业总经理、技术副总、营销副总、法务负责人等。之所以要设立领导小组，主要是因为知识产权战略的制定、实施与企业的发展有着十分密切的联系。如果没有一个方向明确，可执行性强的知识产权战略，将对企业未来的发展方向产生很大影响。

对一个企业来说，现有的技术需要有专利和知识产权的保护，才能发挥其效益，进而获得占领市场的机会。一个预科的项目更需要标准同知识产权有机结合的战略机制，才能推动企业发展。因此，一个企业的知识产权战略的制定，必须与其企业整体的发展战略相结合。而且，知识产权战略的推行也是一个涉及多部门、多层次的系统工程，要从企业高层入手，才能确保执行中的协调、配合等问题得到解决。因此每一个知识产权领导小组的主要职责包括以下五个方面：

①制定企业知识产权战略；

②规划企业知识产权管理体系；

③监督知识产权战略的执行；

④对企业相关的知识产权问题进行决策；

⑤协调企业各部门间的合作与沟通。

2. 知识产权管理部门

设置知识产权管理部门是企业知识产权事业发展的一个重要保障。如果设置不当将给知识产权战略带来执行不力、措施不当，甚至形同虚设的问题。当前国际化大企业较为成熟的做法有以下三种：第一种，设置 IP 事业部，独立于所有其他部门管理整个企业的知识产权资产，如飞利浦、朗讯等；第二种，将知识产权管理设置于法务部门，将知识产权与研发、市场和管理全面有机结合，如高通、富士康等；第三种，将知识产权管理设置于研发部门，如西门子等。各企业可根据自身的不同组织构架和知识产权战略重点的不同选取适宜本公司的策略，不宜直接照搬照抄。

3. 研发部门知识产权工作

研发部门是知识产权产生的最直接部门，包括专利、技术秘密、软件等在内的知识产权都是由研发部门研发产生的。研发部门执行知识产权战略的优劣将直接影响到整个知识产权战略的执行，因此在研发部门中设立一个知识产权特别工作组织就十分必要。以此来配合知识产权主管部门执行涉及研发项目的知识产权工作，进而更有效、更全面地执行知识产权整体战略。

具体来说，研发部门的知识产权工作组有如下职责：

①制定本部门的知识产权规划；

②制定本部门的知识产权、发明创造奖惩办法；

③协调部门内各单位关于专利申请、专利分析、知识产权运营等工作；

④配合企业知识产权规划的执行，并与其他单位部门相配合。

4.营销部门知识产权工作组

人们往往只知道知识产权与研发工作关系密切，而实际上，市场系统和知识产权的关系也十分密切。对知识产权给予足够的重视并采取适宜的措施可以让知识产权成为市场扩展的助推器。反之，如果忽视知识产权在市场拓展中的重要作用，将面临巨大的侵权风险，给企业带来巨大问题。

因此，企业十分有必要建立市场拓展队伍的知识产权工作组织，确保在市场活动中的知识产权工作能顺利开展。主要来说，营销体系知识产权工作组的职责有以下内容：

①配合知识产权管理部门进行相关产品营销、市场拓展等方面的知识产权分析工作；

②与知识产权管理部门一起制定有关销售合同、无形资产投资等方面的知识产权风险控制制度；

③把握市场信息，推动符合市场需求的专利，如发现侵权问题，及时调查处理；

④配合企业知识产权规划的实施，进行著作权、商标权和商业秘密的调查和保护，同其他单位进行有效配合。

5.管理部门知识产权工作组

企业的内部管理需要有知识产权体系的支持，特别是企业在电子化进程中，更要重视知识产权问题。在各种管理问题中，最突出的就是工作软件的盗版问题，此外，管理部门掌握了大量人事、财务信息，并且较为大型的企业还会开发人事管理软件、财务分析软件等工具，其所包含的技术秘密非常多，因此商业秘密也是一种十分重要的知识产权。如何有效地保护在企业经营过程中所产生的相关商业秘密，也是企业管理部门必须重视的一个问题。

因此，在管理系统中就有必要设立知识产权工作组，包括 IT 部门、知识产权管理部门的成员，制定企业管理系统的知识产权制度，进行软件登记，保密等知识产权活动，做到真正规避风险，保护企业财产。

6. 兼职知识产权经理

知识产权问题不仅仅是一个法律问题，也是一个技术问题。企业知识产权的主管经理一般需要具有法律和技术方面的背景。由于企业知识产权管理部门一般都设在法律部门，这样虽然起到了统一管理、同法律加强联系的作用，但同时也带来了一系列问题。比如，如何紧密跟踪技术发展动态，掌握最适合申请专利的技术；如何同市场拓展工作紧密联系，为市场拓展提供及时有效的服务，降低拓展风险等。

在实际情况中，真正的集中管理是无法更好实施企业知识产权战略的，一个可行的合理的知识产权管理体系，不仅应包括知识产权管理部门的知识产权经理，也要包括技术部门、采购部门、市场部门的知识产权工作人员，即知识产权经理。这些知识产权经理既可以是专职经理，也可以是兼职人员，主要应视企业的规模和技术水平来规定。但必须是本系统的专业人员，如研发系统的知识产权经理必须具有相关的研发背景、市场系统的知识产权经理必须掌握市场扩展的一切动态信息，这样才能真正形成集中管理和分散管理相结合的制度体系，将企业知识产权触角伸到每一个角落。知识产权经理不仅担负着挖掘专利、软件、商标等知识产权信息的工作任务，而且是将企业知识产权战略贯彻实施落实的一个重要执行人。

2.2　知识产权管理的基本流程

1. 技术研发部门对要研究的开发项目提出知识产权检索申请，知识产权管理部门检索项目内容，并给出《知识产权检索报告》。研发部门提交《项目立项申请书》，待知识产权部门审核通过。

2. 知识产权经理审核审批申请书，明确项目研发知识产权产出的具体要求。

3. 项目立项，研发部门对项目研发人员进行相关培训，包括对知识产权管理制度的了解和保密制度的教育工作，或者签署有关保密的协议。

4. 研发部门依计划开展研发工作，及时准确地填写工作档案，根据研发文档密级做好文档管理。研发过程中，知识研发管理部门对其涉及的关键技术进行追踪检索，并将检索报告交给项目负责人。

5. 研发项目负责人将需要申请产权的部分交给知识产权管理部门提请知识产权保护的申请，提交"知识产权申请审批表"。

6. 知识产权管理部门评估申请内容，交由知识产权经理审批，进行知识产权申报。

7. 知识产权管理部门对研发成果和有关知识产权的内容进行审批公布。

8. 知识产权管理部门实时监控，预测风险，负责知识产权的保护与合作等法律事务，并与其他部门的知识产权小组相互配合开展其他相关活动。

2.3 知识产权管理制度的构建

当今时代，知识产权管理制度已经成为知识经济发展的保证，成为维护企业的关键法律制度。知识产权管理制度的构建也是实施知识产权战略的重要环节，明确知识产权管理部门的职责，加强知识产权管理，使企业掌握有效的信息，利用知识产权资源，降低成本，实现收益最大化。

一、知识产权管理的主要内容

知识产权管理实际上是指知识产权人对知识产权实行财产所有权的管理。主要内容分为以下四点：知识产权的开发管理、知识产权的经营使用管理、知识产权的收益管理、知识产权的处分管理。

从知识产权的类型来看，知识产权管理的内容包括：商标权的管理、专利权的管理、著作权的管理。

二、建立知识产权管理制度的重要途径

提高知识产权意识。首先，企业要清楚地认识到知识产权的重要性。对知识产权的保护切实重视起来，并与生产实践相结合，使其产生实实在在的经济效益。其次，在企业技术创新的过程中始终强调知识产权的管理，使企业真正成为技术创新的主体。

企业要建立专门的知识产权管理部门，或者在法务部明确专门管理人员。知识产权管理是一项专业性很强的工作，只有具备专业素质的人才能胜任。

企业要制定一套与知识产权管理相关的工作制度，与此同时，不断增强企业技术创新能力。

完善知识产权评估制度，尽可能增大知识产权产业化的概率。

建立完善的知识产权保护制度。

第三节 ｜ 知识产权管理的风险与运营

3.1 知识产权管理的意义

知识产权作为企业的无形资产，对企业的发展和提升核心竞争力有着极其重要的作用。知识产权的保护和管理是企业管理的重要组成部分。创新是企业立足于市场发展的不竭动力，企业唯有不断创新技术才能提高自身竞争力，而知识产权管理是对技术创新的保障，只创新而不去对知识产权进行管理，企业将会失去竞争中的主导地位，创新也将失去原有的作用。所以说，知识产权管理对企业提高竞争力、促进技术创新有重要的意义，是使得知识产权有保障，规范产权人的行为。知识产权管理的本质就是对企业的知识资本进行计划、组织、领导、控制，实现对知识产权资源的最优化配置，从而提高企业的现实收益。

3.2 知识产权管理的流程监控

1. 制定企业知识产权发展规划；

2. 建立知识产权管理绩效评价体系；

3. 监督企业知识产权日常管理工作；

4. 建立沟通渠道，确保知识产权管理体系的有效性。

3.3　知识产权管理的风险预防

1. 知识产权法律规范

法律法规规定的相关问题，条款；司法解释及行政规章；国际条约；政策；标准。

2. 知识产权创新中的常见问题点

职务作品、法人以及自然人作品、职务发明、合作成果的权利归属、委托作品、二次创作、二次研发、奖励等。

3. 知识产权运用中的常见问题点

知识产权出资、标准与专利、计划许可与强制许可、诉讼与合作、专利投资、特许经营许可等。

4. 知识产权保护中的常见问题点

商标近似；专利侵权比对；知识产权纠纷解决；知识产权侵权赔偿；国外对国内企业知识产权限制；知识产权刑事、民事、行政保护等。

5. 知识产权管理中的常见问题点

领导与培训、行政管理与工商管理、管理的系统性与策划的个性等。

附录：知识产权管理工作表单

年度知识产权目标分解及考核记录

序号	目标	责任部门	协作部门	考核情况
1	（1）企业全面实施知识产权贯标工作 （2）争创××市著名商标	知识产权部	各部门	
2	（1）20××年申请发明专利×项、授权×项 （2）技术合同知识产权条款拥有率×% （3）专利产品、技术的转化率超过×%	联合研发中心	知识产权部、技术中心、生产车间	
3	采购合同知识产权条款拥有率×%	销售采购部	知识产权部	
4	（1）销售合同知识产权条款拥有率×% （2）拥有知识产权的产品年销售收入超过×元	销售采购部	知识产权部	
5	（1）劳动合同知识产权条款拥有率100% （2）全员专利培训×次，员工知识产权知识培训参与率×%，考察合格率×%	人力资源部	各部门	
6	财务资源满足企业知识产权管理需要	财务部	知识产权部	

制表人：　　　　　审核：　　　　　批准：

知识产权奖励台账

编号：

序号	奖励时间	受奖人	奖励原因	奖励情况	备注

制表人：　　　　　　　　　　　复核：

知识产权费用预算表

编号：

序号	预算项目	预算金额	实际发生金额	完成预算率%	备注
合计					

制表人：　　　　　　审核：　　　　　　批准：

知识产权检索报告

编号：

项目名称	
项目概述、技术要点	
企业已有相关知识产权情况（专利号、专利申请号、申请人、专利名称）	
检索词	
查询范围	地区：国内（　）国外（　），指定国家： 文献：专利文献（　）科技文献（　）
查询的时间范围	
检索方式	自行检索（　）委外检索（　）
相关国内外专利检索结果（检索主题词、检索数据库名称、相关专利号、专利申请号、申请人、专利名称）	
国内外文献查询结果（文献名称、来源、发表人）	
检索专利与本项目技术的对比分析及结论	

编制：　　　　日期：　　　　　　审核：　　　　日期：

知识产权申请审批表

编号：

项目名称	
拟申请内容	
申请知识产权类型	
部门审查意见	负责人：　　日期：　年　月　日
知识产权办公室审查意见	负责人：　　日期：　年　月　日
知识产权主管审查意见	负责人：　　日期：　年　月　日
执行情况	负责人：　　日期：　年　月　日
备注	

专利申请审批表

编号：

发明名称	
发明人及比例	张三（60%），李四（30%），王五（10%）
申请人	
申请类型	□发明　□实用新型　□外观设计　□PCT　□其他
申请级别	□核心　□重点　□一般
交底文件	见附件
部门审查意见	 　　　　　　　　　　　　　负责人：　　　日期：　年　月　日
知识产权办公室审查意见	 　　　　　　　　　　　　　负责人：　　　日期：　年　月　日
知识产权主管审查意见	 　　　　　　　　　　　　　负责人：　　　日期：　年　月　日
执行情况	 　　　　　　　　　　　　　负责人：　　　日期：　年　月　日

知识产权变更、放弃申报审批表

编号：

知识产权名称	
知识产权主要内容	
变更、放弃主要原因	
部门审查意见	负责人：　　日期：　年　月　日
知识产权办公室审查意见	负责人：　　日期：　年　月　日
知识产权主管审查意见	负责人：　　日期：　年　月　日
最高管理者审查意见	签　字：　　日期：　年　月　日
执行情况	负责人：　　日期：　年　月　日
备注	

知识产权有效性评估报告

编号：

评估范围	
内容简述	
评估结果	
	负责人： 日期： 年 月 日
知识产权主管审查意见	
	负责人： 日期： 年 月 日
最高管理者审查意见	
	签　字： 日期： 年 月 日
备注	

输出国（地区）法律法规状况报告

编号：

输出国（地区）	
法律法规名称及内容	
法律法规情况分析结论	
权利输入输出情况	

编制：　　　　　审核：　　　　　批准：

知识产权海关备案记录

编号：

备案号			
申请人			
权利名称			
权利授权号			
备案内容类型		备案权利类别	
备案生效日期		备案终止日期	

合同知识产权审查表

编号：

合同类别	□采购　□销售　□技术　□劳动
合同名称	

知识产权条款

1. 有无知识产权条款：□有　□无
2. 知识产权条款内容：

销售合同和技术合同需检索下列信息：

1. 法律风险：

2. 知识产权风险：

知识产权部意见：

技术领导意见：

总经理意见：

科研计划

编号：

项目名称	
项目简介	
人力资源计划	
时间计划	
财务计划	
资源计划	
知识产权计划	
部门主管意见	审批人：　　　　时间：
知识产权部门意见	审批人：　　　　时间：

研发项目知识产权状况分析报告

编号：

项目名称：

项目概述、技术要点

已有知识产权情况

检索词：

查询范围：1. 地区_____
　　　　　2. 文献_____
　　　　　3. 时间_____

检索方式：□自行　□委外

检索结果

一、相关国内外检索结果

二、国内外文献查询结果

三、已授权或公开的相关专利分析

编制：　　　　　审核：　　　　　批准：

QIYE FALÜ GUANLI BIBEI
ZHIDU YU SHICAO

Chapter 7
企业投资管理业务实操

第一节 ｜ 企业的对外投资

奇瑞汽车公司自 2001 年出口第一批汽车至叙利亚之后，其在海外发展的步伐从未停歇过。奇瑞在土耳其、乌克兰、古巴、叙利亚、伊朗、俄罗斯、埃及等地均有出口，并投资建厂达 12 个之多。奇瑞构建的由海外 1000 家销售服务网点交织而成的销售服务网络在一定程度上对其海外扩增产生了促进和支持的作用。奇瑞已经打开了中东、东南亚、东欧、非洲等地区的汽车市场。除直接海外建厂外，奇瑞还谋求与许多大企业的合作，如美国江森集团、英国捷豹路虎、海外长安集团、奥地利 AVL 公司等，与这些企业的合作使得奇瑞公司对先进技术有了更全面的了解，增强了其自身竞争力。

奇瑞汽车的快速发展扩张有赖于其合理的对外投资，是中国少数在创业生产周期就进入国际的企业之一。奇瑞集团通过在海外投资建厂实现了中国自主轿车企业走出国门走向世界的突破，通过与其他企业合作，对资源进行了优化组合，掌握了更先进的技术，最终得以摆脱"受制于人"的命运，开发自主知识产权产品，走上了自主研发的道路。

企业的对外投资已成为企业活动中不可或缺的一部分，通过对外投资可以有效利用企业内部的闲置资源，在企业外部对所需资源、原料进行开发，保证来源，降低成本，有效解决资源供应不足的问题。对企业开辟新的市场、扩大规模、实现快速扩增有重大帮助，通过联营、合资可以直接从其他企业获得先进技术。总之，企业的对外投资对企业的发展运营意义重大。

1.1 企业对外投资的简述

企业对外投资是指企业在自身经营业务的基础之上，通过货币现金、无形资产、实物资产方式注入资金或者通过购买股票、债券等有价证券或者金融产品（期货、期权、保险）的方式向境内外的其他企业单位投资，以期获得收益的经济行为。企业的对外投资已经成为企业财务活动中的重要组成部分。

企业对外投资的不同类型分别有：

一、对外直接投资和对外间接投资

根据企业介入程度可以分为对外直接投资和对外间接投资。对外直接投资是指不借助任何金融工具，投资人直接将资产转移交付被投资对象使用的投资，持有投资对象各种股权性资产，如持有子公司或联营公司股份等。对外间接投资是指通过借助购买金融工具或者金融产品将资金间接交付被投资对象使用的投资，包括证券投资、基金与信托投资、股票投资以及金融衍生工具投资。

二、实物投资与证券投资

根据企业对外投资的方式可以分为实物投资与证券投资。实物投资是指直接用实物、货币、无形资产等投入其他企业单位，属于直接投资的一种。实物投资回收期相对较长，灵活性低，主要包含兼并投资和联营投资。证券投资是指投资者（自然人或法人）通过现金、资产等购买其他单位的有价证券以及有价证券的衍生品进行投资的方式。这些有价证券可以分为三类，即债券性证券、权益性证券、混合性证券。

三、债权投资和股权投资

根据企业拥有权益的不同可以划分为债权投资和股权投资。债权投资是指投资企业作为债权人，被投资单位则对其负债。股权投资是指投资企业向被投资企业注入资本金，投资企业拥有其股票，包括兼并投资、股票投资。债权投资相比股权投资来说风险更小，与此同时投资权利也更小。

四、短期投资和长期投资

根据企业投出资金的回收期限可以划分为短期投资和长期投资。短期投资是指持有期限不超过一年的有价证券和其他投资，短期投资能够随时变现，往往是购入交易活跃的证券。长期投资的持有期限则超过一年，不能随时变现。

此外，根据中国企业在海外的对外投资，可以分为以下几种对外投资类型，也可以看作按照投资目的进行划分的。

1. 资源导向型。这一投资类型的主要目的是寻求国内的稀缺资源并维持其来源稳定性。中国地大物博，自然资源丰富，但是仍有很多资源在本国得不到满足，一些企业为了保证其资源的供给，避免价格变化带来的影响，往往会在此种资源丰富的国家投资，或与当地企业合作，或直接投资建厂就地生产。

2. 技术导向型。其目的是引进更加先进的技术，提高技术水平，缩短与其他国家企业之间的差距，以平缓激烈竞争带来的压力。中国一般采用的方式是并购，以发达国家为投资对象，引进科技发达国家企业的先进技术，再结合自身企业加以修整，之后进行本土化推广，以提升企业在本国的竞争力。还可以借此研究属于自己的技术，摆脱对某些企业的依赖，真正做到独立自主。

3. 市场导向型。其目的是规避贸易保护，打破贸易壁垒，开发新市场。国内很多企业的产品都面临着市场趋于饱和的情况，生产供给过剩。直接对外投资将产品出口至国外，既可以缓解这样的情况，扩大产品销路不至于贬值或者浪费，还可以开拓新的国外市场，扩大企业知名度，为企业带来丰厚的利润。

根据不同的分类标准，企业对外投资的类型有所不同，对外投资是相对于对内投资而言的，企业对内投资是指把资金投向企业内部，企业对外投资则是指将资金投向本国的其他企业和海外企业。总的来说，企业对外投资的类型大致就是这几种，各类型之间你中有我，我中有你，没有明确的区分，只是分类依据不同，命名不同。

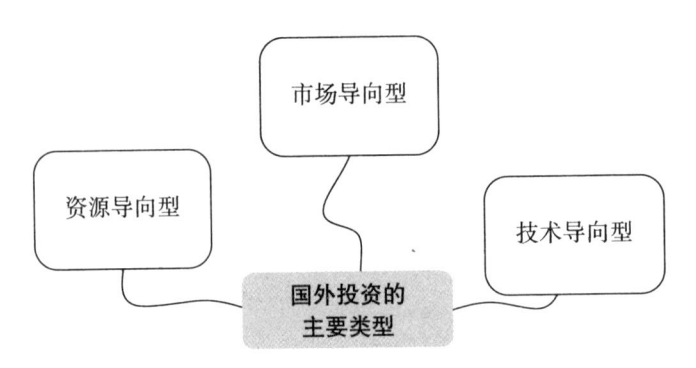

图 7.1　国外投资的主要类型

1.2　企业对外投资应注意的法律事项

一、简述《公司法》

公司法有狭义和广义之分，狭义的公司法单指《中华人民共和国公司法》（以下简称《公司法》），而广义的公司法则是指涉及企业建立、运营、管理、组织、解散以及与外部产生联系的所有事务的法律法规。不仅包含《公司法》，还包含其他的法律和相关的法规。公司法适用于在中国境内设立的企业。

二、对外投资应注意的法律事项

1.《公司法》第十五条规定，公司可以向其他企业投资；但是，除法律另有规定外，不得成为对所投资企业的债务承担连带责任的出资人。

《公司法》第十六条规定，公司向其他企业投资或者为其他人提供担保，依照公司章程的规定，由董事会或者股东会、股东大会决议；公司章程对投资或者担保的总额及单项投资或者担保的数额有限额规定的，不得超过规定的限额。

据此应注意的事项有：

第一，不得成为对所投资企业的债务承担连带责任的出资人，即一般情况下不能对合伙企业进行投资。

第二，对公司章程严格遵守，不得逾越其限制，超过其限额。

第三，对外投资的决策机构为股东大会。企业对外投资之前必须召开董事会、股东大会进行决议通过。

第四，投资入股前先摸清公司的净资产，做到心中有数。公司具有一定规模时，应聘请会计事务所审计净资产的准确数目。

第五，国有公司在对外投资时，应该注意避免低估国有资产而造成国有资产的流失，这种情况将会被追究法律责任。

2. 在保证己方出资的情况下，慎重查询验证、审阅合作方企业出资的真实性和其财产价值的有效性、真实性，以及相关评估机构的专业性、合法性，评估程序的严谨性、合法性、规范性。

3. 集体土地不得擅自转让。

4. 兼并收购其他企业要注意弄清被兼并方的真实财务状况与负债情况，避免因信息不对称而导致收购后替他人偿还债务的后果。

第二节 ｜ 企业对外投资的风险管理

随着经济的迅速发展，企业对外投资已经成为我国主要的经济活动之一。但是，企业的对外投资也会受到多方面的限制和多种因素的影响，由此会产生相应的投资风险。企业对外投资风险是指企业在对外进行长期、短期的投资过程中，由于对情况的不了解和法律政策因素的影响以及投资环境的不确定性，使得企业无法获得预期的投资效益，或者投资失败，从而使得企业盈利能力、偿债能力下降。

因此企业对外投资的风险管理就十分必要。分析风险产生的原因，采取一定的防范和控制措施，及时防范和控制风险，尽可能降低风险，减少企业损失，这对企业发展具有十分重要的意义。

2.1 投资主体的信息确认

投资主体是指从事投资活动，具有一定的资金来源，享有投资收益的权、责、利三权统一体。投资主体分为三大类：资本运作公司、个人以及组织机构。

投资主体在整个投资体系中起着决定性的作用，是投资的主动参与者，负责投资资本的筹集与运营。对于投资主体的个人、专业、组织的目标、价值观、经历、动机等各方面的信息都要有清楚的了解和认识，以确定是否能够合作，从而也可以降低合作之后与投资主体有关的风险。

2.2 投资合法性审查

投资项目合法性审查主要包括以下 7 个部分：

1. 投资环境的审查；

2. 项目资料完整性和真实性审查；

3. 项目合法合规性审查；

4. 项目公司合法合规性审查；

5. 融资责任合法合规性审查；

6. 投资回收保障方式的合法合规性审查；

7. 投资退出机制的审查。

2.3 投资人资格审查

投资人是指具有独立投资权利的政府机构、经济实体和个人。一般要具备以下条件才有资格担任投资人：

1. 在社会、经济发展过程中有独立做出投资决策的权利；

2. 有足够的资金进行投资；

3. 对投资所形成的财产有所有权或者支配权，并能自主地或委托他人经营。

投资人进行资格审查应向交易中心提交以下材料，以下材料一式两份，均需提供纸质材料并加盖公章，多页文件需加盖骑缝章。

（一）营业执照、公司章程、法定代表人身份证明文件。

（二）意向投资者有权决定机构或上级主管部门同意其投资入股的决议或批准文件。

（三）股权结构图（须穿透至最终投资人，并明确控股股东、实际控制人）。

（四）税务机关出具的纳税情况证明（如信用等级证明或完税证明）。

（五）意向投资者基本情况。内容应包含：出资人的名称、法定代表人、注册地址、股权结构、实际控制人、核心主业及经营情况、主要财务数据（不限于现金流量财务指标、财务杠杆比率等）、所在行业情况、行业地位及排名等情况。

（六）意向投资者关联方情况：

1. 意向投资者及所在集团的组织结构图；

2. 意向投资者的主要股东名册及其从事的主要业务介绍，意向投资者持股比例达到 20% 或者持股比例未达到 20% 但处于最大股东地位的公司名册及其从事的主要业务介绍；

3. 意向投资者及其关联方、一致行动人作为主要股东入股信托公司及其他所有非银行金融机构的情况。

（七）意向投资者的资信情况或接受监管的情况：最近 2 年内无不良信贷记录的证明（如贷款银行出具的资信证明或中国人民银行征信中心出具的企业信用报告），意向投资者最近 2 个会计年度的财务审计报告。

（八）意向投资者法定代表人签署的有关书面声明和承诺：

1. 遵守法律法规、监管规定和公司章程的承诺；

2. 5 年内不转让所持信托公司股权的承诺；

3. 履行信托公司恢复与处置计划义务的承诺；

4. 用于出资的资金为自有资金、非他人委托资金或债务资金等非自有资金的声明；

5. 最近 2 年内无重大违法违规行为的声明；

6. 与信托公司不发生违规关联交易的声明；

7. 未代他人持有信托公司股权的声明；

8. 确认所提供申请材料内容和相关数据真实、复印件均与原件一致的声明。

（九）意向投资者就入股信托公司的目的性进行分析说明，包括但不限于意向投资者自身实力与战略规划、如何能够与信托建立有效的战略协同关系以及对整体金融行业与信托企业文化的认识和理解。

第三节 | 企业投资的法律风险及应对

企业在投资过程中存在很多风险，法律风险尤为常见。企业进行投资的渠道不同，所面临的法律风险也不尽相同。我国的投资渠道主要包括投资新设公司、证券投资、海外投资以及风险投资。根据导致法律风险出现的原因不同，法律风险可分为直接法律风险和间接法律风险两大类。

企业投资中的直接法律风险是指由于企业缺乏与投资相关的法律意识、法务依靠而产生的风险，这种风险是非经营性的。间接法律风险是指在投资过程中的非法律因素引发的风险而导致的不良法律后果。

对于企业中存在的风险隐患，如果不加以防范和应对，一旦发生就会给企业带来致命性打击。尤其在企业投资中，投资的法律风险更是不容小觑。

企业管理中，较强的防范投资法律风险的意识从一定程度上决定了企业投资的稳定，保障了企业投资的收益，避免了潜在风险。因此，企业对投资中可能产生的法律风险应当具备较强的防范意识，针对不同的法律风险制定不同的防范策略。实际上，只要严格遵守公司法的各种规定，就不会存在什么法律风险。

3.1 在投资设立公司中的法律风险

投资设立公司已经成为一种比较普遍的投资方式，是指企业出资参与新公司的建立，成为新公司的股东。很多企业在发展自身业务的同时，希望投资设立新的企业，一来使得资金物有所用，闲置资源能进行最大限度的利用，促进自身企业的发展；二来投资还会带来丰厚的回报，成为股东，相当于有了一家新的企业。

但是投资在带来回报的同时，伴随着的还有不同程度的风险，法律风险尤为突出。具体存在风险如下：

一、选择设立公司法律形态的风险

1. 股份有限公司与有限责任公司

（1）设立股份有限公司与有限责任公司的有关法律规定

《公司法》中规定：发起人符合法定人数，设立股份有限公司，应当有2人以上，200人以下的发起人，其中必须有半数以上的发起人在中国境内有住所；股份有限公司注册资本的最低限额为人民币500万元。

股东符合法定人数，有限责任公司由50个以下股东出资设立，股东可以是自然人、法人或者其他经济组织。有限责任公司的注册资本为在公司登记机关登记的全体股东认缴的出资额。

（2）投资设立股份有限公司与有限责任公司存在的法律风险

人数不足的风险。根据《公司法》的规定，设立股份有限公司的人数应在2—200人，而有限责任公司应由50个以下的股东出资成立。虽然设立有限责任公司可以只有一人申请，但是法律对一人企业在注册资金很多方面的要求都远远比多人出资的普通有限责任公司严格得多。因此，有些投资者甘愿冒风险以虚拟出资人数来申请成立公司，如此公司设立申请不符合法律规定的设立人数，根据规定，将面临公司设立申请不予批准的法律风险。

2. 一人有限责任公司

（1）设立一人有限责任公司的有关法律规定

《公司法》第五十八条规定："一个自然人只能投资设立一个一人有限责任公司。该一人有限责任公司不能投资设立新的一人有限责任公司。"

第五十九条规定："一人有限责任公司应当在公司登记中注明自然人独资或者法人独资，并在公司营业执照中载明。"

第六十二条规定："一人有限责任公司应当在每一会计年度终了时编制财务会计报告，并经会计师事务所审计。"

第六十三条规定:"一人有限责任公司的股东不能证明公司财产独立于股东自己的财产的,应当对公司债务承担连带责任。"

(2)一人有限责任公司存在的风险

①滥用法人资格面临的法律风险

一人公司股东有可能会滥用法人资格逃避法律责任或者避免给自己带来损失。特别是当一人公司债务较多时,股东有可能会蓄意破产来逃避债务。还有借由法人资格逃避赋税、欺瞒他人的情况。若出现上述情形,有关法律机构可以通过否认其法人资格,强制要求一人公司股东承担连带责任。

②不能证明财产独立性的风险

一人公司股东无法区分个人资产和企业资产的将会面临对公司债务承担连带责任的风险,这种情况下,视为股东个人资产与公司资产混同。

二、行业选择的风险

1. 投资房地产行业的风险

企业投资房地产主要是与其他企业联合开发。在联合开发中涉及的方方面面处理不当则会产生法律风险。

(1)联合开发的相关法律规定

《最高人民法院关于审理涉及国有土地使用权合同纠纷案件适用法律问题的解释》(以下简称《解释》)第十四条规定:合作开发房地产合同,是指当事人订立的以提供出让土地使用权、资金等作为共同投资,共享利润、共担风险合作开发房地产为基本内容的协议。

第十五条规定:合作开发房地产合同的当事人一方具备房地产开发经营资质的,应当认定合同有效。

第十六条规定:土地使用权人未经有批准权的人民政府批准,以划拨土地使用权作为投资与他人订立合同合作开发房地产的,应当认定合同无效。但起诉前已经办理批准手续的,应当认定合同有效。

《中华人民共和国城市房地产管理法》第三十条规定:房地产开发企业是以

营利为目的，从事房地产开发和经营的企业。设立房地产开发企业，应当具备下列条件：(一)有自己的名称和组织机构；(二)有固定的经营场所；(三)有符合国务院规定的注册资本；(四)有足够的专业技术人员；(五)法律、行政法规规定的其他条件。设立房地产开发企业，应当向工商行政管理部门申请设立登记。工商行政管理部门对符合本法规定条件的，应当予以登记，发给营业执照；对不符合本法规定条件的，不予登记。设立有限责任公司、股份有限公司，从事房地产开发经营的，还应当执行公司法的有关规定。房地产开发企业在领取营业执照后的一个月内，应当到登记机关所在地的县级以上地方人民政府规定的部门备案。

第六十五条规定：违反本法第三十条的规定，未取得营业执照擅自从事房地产开发业务的，由县级以上人民政府工商行政管理部门责令停止房地产开发业务活动，没收违法所得，可以并处罚款。

（2）联合开发的法律风险

联合开发的行为规范与否，是会不会产生纠纷的关键所在。联合开发房地产存在很多法律风险，可能导致投资时收益目标无法实现，还可能卷入不必要的纠纷中。法律风险存在的原因，除部分心怀不轨之人恶意欺诈，蓄意谋划外，很多时候是因为企业没能真正地知法懂法，没有防范意识，从而在运作过程中不能及时规避法律风险。

合作开发房地产合同是明确双方权利和义务的重要文件。但是，现实中很多纠纷就来自合同。在涉及双方利益、责任、义务的内容上，语句表述含混不清，用词不准确容易产生歧义；标点符号使用不当，产生误解；或者有关双方利益问题划分不当、项目分配不合理，都会导致双方合作关系的破裂，纠纷矛盾的产生，存在很大的法律风险。

合同的签订应当遵循合理明确、互惠互利、公平公正的原则，双方合作开发的必备条款应在合同中明确列举，并在协商一致后签订。包括：双方的权利和义务、违约责任、合作事宜的基本概况（项目概况、项目报批手续……）、合作期限、纠纷处理办法等。

双方的权利和义务规定中，在一些约定事项上应当十分注意。第一，在投资数额与实际需承担的具体费用上，应当对可能出现的情况——列举，在法律允许的情况下明确规定，分别采取措施。当实际投资数额超过合同约定数额时，对于所增加的部分，双方要协商额定承担比例，协商不成可根据《解释》第十七条进行处理。

第二，在利润分配上，当事人双方可以按照投资额比例进行利润分配，在双方达成一致的情况下，也可以直接进行利润分配。当遇到实际房屋建筑面积与合同约定不符时，少于约定面积可根据《解释》第十八条相关内容进行利润分配；超出约定面积可根据《解释》第二十条规定分配利润。当事人双方在对分配事宜有了明确的约定外，还应对其他具体的细节问题如户型、朝向、楼层等进行探讨，以清楚、全面地维护双方的利益。

投资者必须具备一定的条件才能有资格进行房地产开发。在《中华人民共和国城市房地产管理法》第三十条中明确规定了房地产开发经营者应当具备的资格条件，对于不符合条件未取得营业执照而擅自从事该行业者，根据该法第六十五条将面临经营所得被没收，并处罚款的风险。

根据《解释》第十五条规定，当事人双方均不具有经营房地产行业资格的，将面临合同无效的风险。根据第十六条规定，土地所有者在未经政府批准的情况下，私自以划拨土地使用权为投资筹码与他人签订合同进行土地开发也将面临合同无效的风险。

由此可见，投资房地产项目的风险来源与投资双方主体也有莫大的关系。在明确自身企业是否有经营房地产开发资格的前提下，更要弄清楚合作对方的情况。企业自身具备房地产开发资格，资金实力雄厚时，首先要弄清楚对方是否具有土地使用权，且要注意在双方合作前是否获得了政府批准；在自身拥有土地使用权而无经营资格时，要弄清对方是否具备营业执照。总之，在签订合作开发合同前一定要将双方各自具备的条件与法律规定的条件一一对比，严格按照法律程序来进行，对于合作方的选择也要谨慎，这样才能有效规避因合作开发主体带来的风险，避免合同无效或受到行政处罚。

2. 投资煤矿行业的风险

不可再生能源在市场经济发展中占据着越来越重要的位置，有不少的企业将对外投资的目光转向煤矿行业，与具有采矿资格者签订协议，设立煤矿企业，但是这其中许多不规范、不合法的行为也为企业带来了风险。

煤矿企业在设立运作时常存在以下几个方面的问题，从而引发了有关投资的一系列的法律风险：第一，采矿权与经营权、所有权相分离。获取采矿资格的采矿权人只是通过简单的签订合同、协议的方式转让采矿权，却并未向有关部门进行变更登记，投资者的采矿权并未得到法律的承认和保护。第二，煤矿企业登记的法人结构与实际不符。煤矿企业登记的法人性质大多是"集体所有制"，但是实际上却是股份所有制的形式。例如，新旧投资者之间进行股份转让的行为是不符合法律规定的，新投资者取得的股份不受法律保护，导致产权不清，结构混乱。第三，以非法定方式转让采矿权、经营权不受法律保护。第四，投资人投资多个煤矿企业，法律责任相互牵连。

（1）投资无法受到法律保障的风险

煤矿企业实际上是股份制企业，但它登记的性质仍旧是"集体制"，再加上采矿权不合理转让，投资者即使拥有了股份，在法律上也是不受保护的。国家对于煤矿业管理力度加强，相应地提高了投资成本，这就形成了投资越高，回报越无法保障的局面。

（2）以非法定方式转让采矿权、经营权，转让无效的风险

合同不符合规定，违反法律法规，采矿权随时有可能被收回。投资人通过承包合同、招聘经营等方式取得的经营权不受法律保护，所订立的承包合同或招聘合同均是无效的。经营权取得无效，之后企业进行的一系列行为均视为无效。

（3）承担无限责任的风险

根据《中华人民共和国民法通则》和《中华人民共和国合伙企业法》中合伙人对合伙企业的债务承担无限连带责任的相关规定，若投资者在投资设立了一家

煤矿企业之后，又投资了其他煤矿企业，其中一家企业发生问题追究其责任时，其他企业也会受到牵连，其他投资者势必也会受到牵连。

要减少煤矿行业中投资的法律风险，还需从建立一个井然有序的煤矿投资市场入手，此外煤矿企业在设立时一定要注意经营权、采矿权的转让方式，规范企业法人结构，厘清产权关系，严格遵守法律法规。

3. 选择不当，非法经营的风险

企业对外投资是本着回本营利的目的，但是不能利欲熏心，误入歧途。很多企业在投资过程中可能会因为某些原因偏离正轨，或者利欲熏心蓄意为之，选择一些国家严令禁止的行业投资设立企业。该类型企业设立初期可能会侥幸生存，但当其具备一定规模，影响力增大时，就会被有关部门发现并取缔。

网络上报道的大型逮捕案件就是真实的写照，广州一家公司 400 余名员工，全部涉嫌欺诈被公安机关抓捕，该公司已具备一定规模，其公司管理者在家中也被警方控制并交代了自己的罪行。

涉嫌非法经营，一旦被查实就会没收非法所得，投资不仅不能带来收益，而且投资成本也很难再收回，严重时还可能要承担刑事责任，名誉损毁。

防范此类风险，首先，投资者要正确认识投资的收益，不要产生不切实际的幻想，知法犯法，故意而为。其次，在投资目的正当的情况下，要了解所投资行业的法律概况、行业政策，不要盲目涉足。企业对外投资会涉及很多法律方面的问题，必须慎之又慎，遵法守法，才能正确进行投资行为。

在投资设立企业的过程中，选择合法合适的行业后，投资者更要选择合适的合作人、股东，签订协议，在此过程中往往会出现诸多法律风险。

1. 合作方的信誉与企业实力的风险

投资者选择投资企业过程中，不要一味注重企业实力、看重眼前利益，而不在意企业的信誉，只有好的信誉才能为投资赢得长远的收益。若是一个信誉极差的企业，无论实力多么雄厚都不会长久生存下去。当然，企业实力也不容小觑，没有实力，一旦出现经营困难，股东就会向管理层发难。信誉问题不仅仅会带来公众对企业的不信任，也可能触犯法律禁区，带来严重的麻烦。

所以在决定投资前，一定要选择实力与信誉兼备的企业，不要求最好，但信誉是最主要的。双方要提前预测企业运营中的各种风险和问题，并制定出防范措施和问题发生后的应对策略。

2. 出资的风险

《公司法》规定，出资金额可以由发起人即股东全权决定，但是这并不意味着股东可以随意行使这项权利，实际上这样理解完全是错误的。股东在认缴出资的范围内对公司仍旧承担有限责任，同时没有强制性明确出资金额实缴期限，也不代表是无期限。股东要客观、理性地确定出资金额和期限，作为投资者，也有权利和义务监督股东，在其出资没有到位时，依然要在认缴出资额的范围内对企业承担连带责任。

（1）出资履行的风险

出资履行是书面事项的实际运作。在这一过程中会出现很多的问题，不加以注意，就会酿成大祸，导致无法挽回的局面。

不适当履行出资的风险。不适当履行出资是指出资人没有按照协议约定和法律规定出资，不按规定期限办理实物财产权转移手续或者交付出资所引发的法律风险。出资人不适当履行出资，除企业在设立上会受到影响，可能会延误发展的时机外，还要承担违约责任连带赔偿责任及出资补偿责任。对于侵害他人利益的行为，还要承担赔偿责任。

虚假出资与抽逃出资的风险。《中华人民共和国公司登记管理条例》第六十五条规定："公司的发起人、股东虚假出资，未交付或者未按期交付作为出资的货币或者非货币财产的，由公司登记机关责令改正，处以虚假出资额5%以上10%以下的罚款。"

《公司法》第二百条规定："公司的发起人、股东在公司成立后，抽逃其出资的，由公司登记机关责令改正，处以所抽逃出资金额百分之五以上百分之十五以下的罚款。"

《中华人民共和国刑法》第一百五十九条规定："公司发起人、股东违反公司法的规定未交付货币、实物或者未转移财产权，虚假出资，或者在公司成立后又抽逃其出资……"

虚假出资是指出资人未按照《公司法》中的相关规定交付实物、货币，而是以一种虚假欺瞒的方式获取验资证明，营造一种已按照规定出资的假象，实际却并没有出资。虚假出资的投资者，要承担一系列法律责任，将面临向公司补缴出资，承担赔偿责任，向其他出资人违约赔偿，向公司债权人清偿债务，承担有限补充清偿责任的风险，严重者还会承担刑事责任，最高可判处五年有期徒刑，并处以罚金。

抽逃出资是指出资人在公司成立之后将所缴纳的出资额悉数暗中抽逃，但其仍保留股东身份和约定的出资份额的行为。与虚假出资相比，两者几乎是没有本质上的区别，但是抽逃出资更有可能涉及刑事犯罪。除要承担赔偿责任、违约责任、连带责任外，还有可能被追究刑事责任，最高可判处五年有期徒刑，并处以抽逃出资额百分之十的罚金。

（2）出资形式选择的风险

《公司法》中规定，出资人可以以货币出资，同时也可以用实物、知识产权、土地使用权等能用货币估价并可以依法转让的非货币财产作价出资，行政法规、法律明确规定的不得作为出资的财产除外。对于出资的非货币财产应当客观评估，不得蓄意高估或者低估作价，法律、行政法规对其评估作价有规定的从其规定。新公司法较旧公司法来说，股东出资的范围大大增加了，但是随之也增加了出资的风险。

第一，知识产权价值评估的风险。知识产权价值的评估是一项很重要的内容，评估后的价值不仅会影响出资人所占股权比例，产权自身的盈利价值还会影响到它在出资中的实际应用。在评估过程中，往往会存在诸多因素导致评估失误，如，同类型的技术或者产品市场前景和价值分析不准确，开发费用估算失误等，影响知识产权在出资中的价值发挥，对出资人将是很大的不利因素。

第二，知识产权出资类型选择的风险。一般来说，知识产权出资的范围很广泛，著作权、专利、商标、隐秘信息、非专利技术等都可以出资。但是不同的知识产权类型，在市场中的应用不同、价值不同，面对的企业也不同。对于技术型的企业，出资范围不应局限在专利技术上，非专利技术同样也可以出资。企业要慎重选择出资的知识产权形式，根据市场变化和要求，选择对自身最有利的出资形式，否则将大大提升投资失败的风险，并且不能发挥知识产权的价值。

第三，知识产权有效期限制的风险。专利权、商标权等有规定使用期限的都必须在其有效期内才能进行正常的出资，否则就属于非货币出资中权利瑕疵的问题，企业也会承担相应的法律责任。

选择土地使用权出资的风险。《中华人民共和国宪法》规定，土地所有权不得进行买卖，只有土地使用权具有商品属性。因此，在出资过程中，有关土地评估，仅仅是使用权的评估而非土地本身。企业的土地使用权是指在国家准许的情况下，某企业在一定的期限内对某一国有土地具有占有、利用、收益和有限处分的权利。我国土地实行公有制，任何个人和单位不得侵占、买卖或非法转让。

第一，土地使用权交付存在的风险。这类风险实际上属于不适当履行出资带来的风险，出资人虽然办理了土地使用权的过户登记手续，却并未把土地实际使用权交付公司使用和控制，出资人未完全履行出资义务，将承担一系列违约责任、赔偿责任等，还会损害新公司的合法权益。

第二，土地使用权价值评估不当的风险。一般会对使用权评估过高，与实际价值不符，引发出资人实际出资价值与约定出资额不一致，损害公司和债权人的利益，出现这种情况，出资人要补足差额，还有可能要承担一定的违约和赔偿责任。对土地使用权进行资产评估，法律上有明确规定，必须聘请专业的评估机构，并由其出具资产评估结论，该结论具有法律效力。因此，评估机构的选择至关重要。若选择不具备执业资格的评估机构，其评估结果会存在偏差，甚至不具备法律效力，从而导致公司设立延迟或者设立不能。

非货币形式出资存在的权利瑕疵风险。非货币财产权利瑕疵是指出资人以非货币形式，如实物、知识产权、土地使用权的形式出资，但是出资人或者出资企业对于这些财产使用权并不具有合法的处分权利。若出现上述情况，一经查实就会严重阻碍财产权利的转移，延误公司的成立。

若财产权利归他人所有，那么出资人这一行为属于侵权，要承担相应的法律责任，还会使企业陷入不必要的纠纷中；若出资人明知财产权利归属有问题却还是不管不顾地出资，那么情节严重者会面临承担刑事责任的风险。

尤其知识产权出资在这方面的风险尤为巨大。对于知识产权出资方而言，应当保证所投入的技术、成果是企业绝对独立拥有的，若这些资产在权属上存在争议将直接影响出资，双方可以在合同或者协议上明确出现瑕疵后的责任承担。

出资形式变更的风险。投资设立新公司，出资人会在设立的协议中确定自己的出资额以及出资形式，但是，在实际的实行过程中，出资人有可能变更出资的资产形式，因此也会带来一定的法律风险。例如，将货币资产变更为非货币资产，就要对选择的出资资产进行评估，重新规划，从而延误公司的设立进程。如果更改的出资资产不符合法律规定，存在权利瑕疵，就会导致公司设立不能，出资人也会承担相应责任。若在公司已经登记设立的情况下变更出资形式，就要对整个过程进行严格审批、监督，否则可能发生资不到位或者抽资出逃的情况，即使不是出资人有意为之，也要承担不谨慎处理的后果。出资人改变出资形式，对整个变更过程要有完整的规划，评估预防可能引发的法律后果，以避免不必要的麻烦和法律风险。

（3）隐名出资的风险

隐名出资是指投资者出资时不以自己的名义，而是委托他人或者其他企业担任被投资公司名义上的股东，实际的股东权利和义务仍为实际投资者所有，委托人只是听令办事。这一方式被很多投资者实践使用，在公开的登记信息中投资者的信息不会出现，是隐藏的，有时候这种投资方式可以达到出奇制胜的效果，但也存在不小的法律风险。

实际投资人权益被侵犯的风险。《最高人民法院关于适用〈中华人民共和国公司法〉若干问题的规定（三）》中第二十四条第一款规定："有限责任公司的实际出资人与名义出资人订立合同，约定由实际出资人出资并享有投资权益，以名义出资人为名义股东，实际出资人与名义股东对该合同效力发生争议的，如无合同法第五十二条规定的情形，人民法院应当认定该合同有效。"

该条还规定实际出资人与名义股东投资权益的归属发生争议的，实际出资人以其实际履行，出资义务为由向名义股东主张权利的，人民法院应给予支持。名义股东以公司股东名册记载、公司登记机关登记为由否认实际出资人权利的，人民法院不予支持。

从条款内容看，实际出资人基于合同约定的权利在一般情况下是受到法律保护的，但是需要认清的是，法律保护的也只是实际出资人的财产权益而非股东权利。换句话说，隐名投资人不是股东，实际的股东权利也只是通过契约、合约而非法律来保障的。若实际投资人与名义股东之间发生争执，关系不和，名义股东就会违反实际投资人的意愿、指令行事，使实际投资者不能得到正常的收益，不能正常行使股东权利，投资目的无法实现。更有甚者，名义股东可能会擅自将股权转让抵押给其他人，导致实际投资人的投资权益泡汤，虽然针对这一行为实际投资人可以起诉名义股东，但是仍有可能无法很快得到补偿。所以，隐名出资者的权益在一定情况下会受到很大的威胁。

此外，名义股东也是有很大的法律风险的。原则上，股东的权利都是属于名义股东的，因此，基于股东的所有责任也是属于名义股东的。例如，实际出资人虚假出资、抽逃出资，其法律责任都要向名义股东追究。

因此，隐名出资中，无论是作为实际出资人还是名义股东，都存在极大的法律风险，企业无论扮演哪个角色都应当引起重视。

隐名出资协议无效的风险。《最高人民法院关于适用〈中华人民共和国公司法〉若干问题的规定（三）》中第二十四条规定提到的"如无合同法第五十二条规定的情形，人民法院应当认定该合同有效"。就是说出现《合同法》中第五十二条规定的情形，则合同无效。《合同法》第五十二条规定："有下列情形之一的，合同无效：

（一）一方以欺诈、胁迫的手段订立合同，损害国家利益；

（二）恶意串通，损害国家、集体或者第三人利益；

（三）以合法形式掩盖非法目的；

（四）损害社会公共利益；

（五）违反法律、行政法规的强制性规定。"

一旦协议或者合同无效，表明实际投资者与名义股东的投资行为触碰了《合同法》中的禁忌，不仅股东权益得不到保障，还会追究其相应的法律责任。例如，投资于国家限制或者禁止的行业，如石油、酒类等；实际投资者与名义股东恶意串通，存在不正当关系。

3.公司成立的法律文件存在的风险

公司设立的过程中会涉及许多法律文件的设定和签署，如公司设立协议、公司章程、运作协议等，这些文件的不恰当设定或者存在规定不明确、不合理的内容，也将带来诸多法律风险。

（1）公司章程不完善的风险

公司章程是由公司投资者设定的，是对股东、公司、管理人员具有约束作用的调整企业经营和内部关系的具有自治性的基本规则，是公司的"基本法"，是维护公司高效运行的基础性规范文件，违反这一规则要承担相应的责任。有很多投资者和运营者并没有将公司章程真正重视起来，认为它只是一项普通的文件，在很多事项的规定上表述含混不清，没有在法律规定的基础上进一步明确。

①规定不明确，实施受阻的风险。制定公司章程时一味照搬公司法中的内容，并未根据本企业的实际情况和特点进行详细布置和划分，造成公司章程可操作性弱，可行性低。对于公司中的某些具体事项，股东之间、管理层之间发生争议或者进行表决时，公司章程由于存在漏洞无法发挥应有的作用，不能及时有效地调节公司内部关系、解决争议。

再有《公司法》第三十七条规定股东行使的权利，第一项就是"决定公司的经营方针和投资计划"。但是在实践中很难分清经营方针和投资计划的范围，不对这样的权限详细划分，就容易产生纠纷和误会，影响企业正常运行。

②股东会和董事会权限划分不明确的风险。股东会和董事会同是公司的两大机构，二者之间的关系影响着许多公司重大事件的解决，公司章程的一项作用就是调节两者的关系，明确权限划分，如果没有做到位，两大机构一旦产生矛盾，后果不堪设想。

除此之外，公司章程对经理职权的约定不符合实际，董事会决议的事项条款的规定安排不恰当等，都会存在法律风险。因此，公司设立人在设定公司章程时，应当予以充分的重视，根据公司自身的情况，将章程条款进一步明确，必要时，可以借助专业的律师或其他法律机构，避免因为章程规定不完善引发的法律风险。

（2）公司设立协议存在的风险

公司设立协议是在公司设立过程中，由发起人订立的关于公司设立事项的协议，规范了各发起人的权利和义务，属于合伙协议。公司设立协议存在的法律风险一般表现为以下两个方面：

①相关问题约定不当的风险

公司设立协议的目的之一就是明确各发起人之间的权利、义务，在公司设立不能或者设立过程中出现问题的情况下，发起人可以根据协议条款，确定各发起人的违约责任、赔偿责任等，如果约定不当，不仅影响责任划分，更容易引起发起人之间的纠纷。此外公司设立协议的某些条款内容可能与法律规定有出入，这样的问题一般很难被发现，但是一经显露，很可能影响公司的成立和运营。

②协议缺失的风险

缺少书面协议，缺乏客观性的考量，对于公司设立过程中可能出现的问题没有做到提前考虑和规划。公司设立协议不以书面的形式表达，本身就隐含了很大的法律风险。公司发起人仅凭口头协议就开展公司设立的各项事宜，遇到问题后没有可参照的依据明确各发起人的责任，同时可能会造成资源的浪费和纠纷的产生。

缺少保密条款的制定，可能造成重要信息被泄露，危害企业发展。对于特定的专利技术、技术秘密、特殊经营方法或者服务理念及其他一些重要信息的保密尤为重要，有时候仅凭口头上的约定并不能达到保密的目的。重要信息一经泄露，公司将面临巨大损失，若被股东恶意利用，将成为巨大的威胁。因此，在公司的设立协议中，往往会设置恰当的保密条款，必要时寻求专业的法律人士帮助，以降低泄密的风险。

4. 公司不能设立的风险

公司设立失败包括设立不能和设立无效两种形式。公司设立不能，即在设立的过程中由于某种原因导致公司设立不成功。这些原因表现为：资金未按期筹足、发起人未按期召开创立大会、创立大会作出不设立公司的决议、没有进行或者不予设立登记。

对于公司设立不能的法律后果，一般认为由公司发起人进行承担。发起人将面临承担连带责任的风险。

《公司法》第九十四条规定："股份有限公司的发起人应当承担下列责任：（一）公司不能成立时，对设立行为所产生的债务和费用负连带责任；（二）公司不能成立时，对认股人已缴纳的股款，负返还股款并加算银行同期存款利息的连带责任；（三）在公司设立过程中，由于发起人的过失致使公司利益受到损害的，应当对公司承担赔偿责任。"

公司设立前或者设立中发生的债务费用，如果没有及时做好安排，一旦公司设立不能，就是产生纠纷的本源。因此在签订设立协议过程当中，要尽量完善相关条款，提前做好各项安排；在公司申请设立登记时，要依照法律规定办理各项审批手续，避免设立不能的结果发生。

5. 公司被吊销、解散后责任承担的风险

《公司法》第一百八十三条规定："公司因本法第一百八十条第（一）项、第（二）项、第（四）项、第（五）项规定解散的，应当在解散事由出现之日起十五内成立清算组，开始清算……"

第二百零四条第二款规定："……公司在进行清算时，隐匿财产，对资产负债表或者财产清单作虚假记载或者在未清偿债务前分配公司财产的，由公司登记机关责令改正，对公司处以隐匿财产或者未清偿债务前分配公司财产金额百分之五以上百分之十以下的罚款；对直接负责的主管人员和其他直接负责人员处以一万元以上十万元以下的罚款。"

公司被吊销营业执照，是工商行政主管部门对公司违法行为的一种行政处罚。营业执照被吊销后也就失去了经营资格，但其作为民事主体的资格即法人资格仍然存在。《最高人民法院关于企业法人营业执照被吊销后，其民事诉讼主体地位如何确定的复函》中规定："企业法人被吊销营业执照后，应当依法进行清算，清算程序结束并办理工商注销登记后，该企业法人才归于消灭。因此，企业法人被吊销营业执照后至被注销登记前，该企业法人仍应视为存续，可以自己的名义进行诉讼活动。"

公司解散、被吊销营业执照同公司注销是有很大区别的，很多企业投资者往往认为公司被吊销或者解散之后就没问题了，也不会涉及责任承担，实际上，此时公司的权利和义务并没有终止，也正是由于这样的错误思想，才会使投资人陷入自己都不清楚的纠纷中。

公司被吊销营业执照或者解散后要按照规定流程依法清算，分配清算完成之后的剩余资产，最终注销登记，法人资格随即消失。如果不进行清算，不仅难以保护债权人和公司股东的财产权益，个别股东可能会利用公司尚存的权利和财产做一些不合法的事情，对其他投资人造成伤害。

3.2 在证券投资中的法律风险

证券投资具有高度的"市场力"，是间接投资的主要形式，属于风险投资。企业作为投资主体，和个人证券投资主体一样，都需要有足够的现金以供投资，在享受收益的同时也要承受巨大的风险，证券投资相比于其他形式的投资流动性更强，风险也更大。证券投资风险是企业和投资者面临的重大问题，也是金融机构生存和发展的关键问题，证券投资中一个小小的决策失误就可能带来严重的后果。

一、网上委托交易存在的法律风险

企业证券投资时，委托他人网上证券交易，将面临被该委托人欺骗、违背自身意愿买卖证券或无法提取资金的风险以及投资人身份信息被泄露的风险。

根据《中华人民共和国证券法》和《证券登记规则》的规定，投资者应以本人的名义开立证券账户和进行证券买卖，否则其权利难以受到法律的保护。由于委托他人使用自己的账户，无法保证委托人完全按照实际投资者的意愿行事。

投资者应当尽量进行网上交易，且限定账户为本人所用。如果已经采用网上委托交易，应当及时核对账务，确定账户余额，一旦出现问题，及时与营业部联系。

二、国有企业投资证券的风险

我国法律没有禁止和限制国有企业、事业单位投资证券市场，《中华人民共和国证券法》中规定国有企业和国有资产控股的企业买卖上市交易的股票，必须遵守国家有关规定。根据《国务院批转国务院证券委、中国人民银行、国家经贸〈关于严禁国有企业和上市公司炒作股票的规定〉的通知》与《中国证券监督管理委员会关于法人配售股票有关问题的通知》的相关规定，国有企业投资股票时的注意事项如下：

（一）该笔资金必须是单位自有资金。如系上级单位拨款或者银行贷款，只能专款专用，不能用于证券投资。

（二）用自有资金进行股票投资，只能以单位法人的身份开设一个 B 字账户，不得开设多个账户，也不得以个人名义开设股票账户或者为个人买卖股票提供资金。

（三）国有企业事业单位不得用于炒作股票的含义是：无论是配售股票还是投资二级市场股票，必须持有该股六个月以上方可抛售（即在二级市场买入又卖出或卖出又买入同一股票的时间间隔不得少于六个月）。

违反上述规定者，证监会将没收违法所得，罚款及追究法定代表人责任。

三、证券市场虚假陈述的风险

证券市场虚假陈述一般是指在证券发行交易过程中违背事实真相，隐瞒实际信息，披露不正确信息，误导性陈述信息的行为。

虚假陈述的类型一般分为四种：虚假记载、误导性陈述、重大遗漏、不当披露。

证券市场虚假陈述会导致投资人无法客观正确地选择投资对象，从而造成一定的经济损失。

《中华人民共和国证券法》中规定："发行人、上市公司或者其他信息披露义务人未按照规定披露信息，或者所披露的信息有虚假记载、误导性陈述或者重大遗漏的，责令改正，给予警告，并处以三十万元以上六十万元以下的罚款。对直接负责的主管人员和其他直接责任人员给予警告，并处以三万元以上三十万元以下的罚款。"

此外，针对投资人已经遭遇证券市场虚假陈述并因此蒙受损失的情况，《最高人民法院关于受理证券市场因虚假陈述引发的民事侵权纠纷案件有关问题的通知》给出了相关的解决方案，应及时、正确地采取补救措施，或者进行诉讼。

关于证券投资中可能面对的法律风险，投资者应当认真、谨慎地对待，要深入了解债券市场的各种交易规则、市场规模、运作特点等方面内容，对要投资的企业做一个详细调查，包括财务状况、企业信誉、经营水平、市场占有率、发展前景等。并能够运用各种方法了解和识别风险，透析风险存在的原因，据此制定风险管理策略，运用各种技巧和手段去规避风险、转移风险，减少风险损失，力求获取最大收益。

3.3 在国外投资中的法律风险

近年来，中国企业在海外投资的数量越来越多，企业在国外投资发展迅猛。

国外企业相较于中国企业而言，有很多优点值得我们借鉴，而投资不失为一种学习国外企业先进技术和管理经验的途径。国外投资一方面给国内企业带来了丰厚的利润和发展的机会，另一方面也使得它们面临着不小的挑战和法律风险。企业国外投资包括在国外投资建厂，购买国外企业股份，或者进行企业合作形成国际联盟。

一、与政治环境有关的风险

政治事件的发生和变化，不可预料性的后果对投资目标国的影响，在一定程度上会使得企业的投资环境发生变动。目标国政治环境的变动给中国企业的投资带来了诸多风险。

1. 涉及国家主权的风险

国家主权风险坦白讲就是国家的主权行为与国际活动密切相关。例如，外国针对我国企业颁布歧视性政策，采取报复性的限制措施阻碍我国企业在国外的发展，严重影响我国企业的投资活动。国家主权风险属于特殊的风险类型，主要存在于与我国政治经济产生利益冲突的国家。

2. 政策变动的风险

目标投资国与企业投资各项事宜政策的变动将会给我国投资企业带来巨大的经济损失。例如，企业在国外投资建厂，目标国对土地政策的变更、土地使用期限的长短变化、税收变化；目标国关于企业设立的要求变更；目标国关于该企业所属的行业政策变更等都将对企业的投资和权益造成很大风险。

3. 社会政治风险

社会政治风险一般包含三个方面，一是战争暴动；二是政权变更；三是政府的违约行为。

战争暴动是指企业的目标投资国参与战争或者本国内发生战争、暴动、恐怖事件，一般来说，战争内乱在当今很多国家是不常见的极端行为，但是这种情形一旦发生，就会对国外企业的经营发展产生严重阻碍，也会影响中国企业在该国的投资行为。

相较于战争内乱，政权变更和政府的违约行为更常见。政权变更主要存在于相对落后的发展中国家，而这些国家往往具有丰富的资源和未完全开发的优势，资源型企业在进行国外投资时往往会选择这样的国家。

此外政府的行为也存在极大的不确定性，这就有了政府违约的风险存在。政府违约是指投资目标国政府违反、解除、推迟履行、不履行与投资者签订的投资协议，从而给投资者造成损失。实际上，除强硬性的政府违约行为外，政权更迭导致政策变动，投资方案和交易方式需要根据政策不断调整，导致合作始终推迟未果的情况，也属于一种政府违约。

4. 财产转移风险

中国企业在国外发展的同时，也会产生经济上的冲突。很多企业在国外投资、国际合作中获取的利润、资金因为目标投资国的一些主权行为，包括不合理的政策，报复性或歧视性的行为可能无法转移回国，导致资金流动和使用受限，损害投资者的利益。

此外，还有些国家政府以本国法律为依据将外来投资者的财产以征用或其他形式为由，部分或者全部转移到本国政府名下，给国外投资者造成严重的经济损失。

二、没有获得政府许可的风险

企业国外投资时，很多项目的经营是需要获得政府许可的。无法获得政府许可就无法顺利进行投资的诸项事宜。政府许可无法获得有两个方面的原因：

一是国外投资本身或者投资之后项目运营违反了当地政府的意愿，政府予以否定。

二是在提交了申请政府许可的报告之后，政府迟迟不批阅回复，尽管法律上没有明确的禁止规定，但由于政府的延迟行为也无法获得许可，这不但影响投资的顺利进展，严重时还会导致投资不能。

三、与法律环境有关的风险

投资目标国的法律环境是投资者在国外投资时必须考虑的重要因素。在美国不同的州之间法律都有很大的区别，国与国之间的法律更是千差万别。有些企业仅仅是因为某些资源或者技术的吸引就前去投资，因不了解目标国的法律环境而陷入被动，实际上投资不仅要看项目的好坏，投资的法律环境的适合与否更重要，甚至从根本上决定了企业是否应在这个国家投资。投资企业在投资目标国产生经济纠纷诉诸法院时，采取不同国家的法律裁判，就会导致不同的结果。总的来说，与法律环境有关的风险体现在以下几个方面：

1. 没有对法律环境调研的风险

很多企业在国外投资时，往往看中的是目标国独特的优势，如非洲的刚果地区矿产资源丰富，一些企业在未经法律环境调研的情况下就投资设厂开采，但事后才发现刚果共和国的法律规定类似这样的原材料必须经过一定的加工处理才能运往国外。如此，就是白忙活一场，倘若在投资前进行细致调研就不会出现这样的尴尬情况。

有时候，一个好的项目会因为这样或那样的法律因素的阻碍而使投资者无法达到自己的目的，竹篮打水一场空，白白地费时耗力。投资者对目标国的法律环境不了解很有可能使自己和企业触碰到法律禁区，陷入法律纠纷当中，而目标国政府很有可能抓住把柄给投资者重重一击。

2. 劳工法风险

我国人口繁多，很多企业乃至一些专业人士都会认为廉价的劳动力是我国进行国外投资的一大优势。因此，在劳工成本预算中，这样的观念会产生很大的影响。然而，事实上很多国家的劳工法规定，外资企业必须雇用本国的劳动力或者严格规定了本国雇用劳动力所占的比例。这样一来，也就不存在"廉价劳动力"的优势，企业的劳工成本预算就会出现极大的偏差。

3. 反垄断法风险

中国国内市场经济发展所处的阶段与其他国家都各有不同，尤其与欧美发达国家相比，国内的发展和消费水平还是相对落后。双方在反垄断法中的规定有着不小的差异，投资目标国面对我国资本的进入，为控制外资企业的发展和市场占有率，会进行严格审查。为了防止外资企业扩大市场占有率进而控制市场，反垄断法会大幅度增加征收外资企业的所得税。当使用国内经营理念"低价渗透"时，很有可能被东道国认为是故意以低于成本的价格销售产品，来排挤竞争对手，是一种违反企业生存原理和经营价值的不正当的竞争行为。

4. 环境风险

环境保护是每个国家都十分重视的问题，联合国国际法院就曾表示："国家总体上负有保证在其管辖和控制范围内找那种他国环境或者产出本国控制意外环境的义务，这已成为国际法规中有关环境的一部分。"我国企业在进行国外投资时，一定要有环境保护意识，切忌为追求眼前利益而不择手段，不遵守国外有关环境的法律规定，否则会因此付出惨重的代价。

5. 争议纠纷解决风险

中国投资企业在国外发生纠纷争议时，会面临很多的法律风险，从大的方面来看，一类是抗辩证据是否充分和是否能够安全保管的风险；另一类就是法律的适用风险，按照不同国家的法律审判，最终的结果是大相径庭，通常一个国家审判的结果在另一个国家不被认可和实施。法律的适用风险，一般表现在以下两个方面：

（1）法律适用规范选择不当

法律适用规范又称冲突规范、法律选择规范，是针对涉外民商事法律关系的法律规范。冲突规范不直接规定当事人的权利和义务，也不能作为当事人的行为准则，它只起到间接的调节作用，指明某种涉外民商事法律关系应当如何适用法律。如果法律适用规范选择不当，或者以人的主观意识改变冲突规范中的联结点，就会导致涉外民商事法律关系适用于不同国家的法律，造成不同的裁判结果，很有可能对中国投资企业带来不利影响。

（2）东道国排除外国法适用

虽然法律的适用性有相应的规范，但是很多国家为了排除和限制外国法律的适用，往往会采取不同的方法和手段。

其一是反致，是指法院地所在国根据本国的冲突规范适用外国法的过程中，接受了该外国法的冲突规范指定，适用本国实体法或第三国实体法的制度。

企业在国外投资产生纠纷冲突依法解决时，也会遇到这样的情况，法院所在国为了本国的利益可能会使用这样的方法审判。

反致的基本形式有三种，直接反致、转致、间接反致，复杂的类型有直接反致的转致、完全反致。上述案例中体现的就是直接反致。

其二是公共秩序保留，是指一国法院依据法律适用规范本应适用于外国法时，因适用外国法会与法院所在国的基本政策、重大利益、道德规范、法律原则产生抵触而排除外国法适用的一种制度。

公共秩序保留实际上就是维护一国的根本利益，这样的制度是站在一国的角度上来看待问题的处理，一旦外来投资企业的纠纷触碰到了当地国的利益，投资者本身有可能会面临极大的风险和损失。

6.法律变化风险

世界上没有绝对静止的事物，一切都在变化和前进。当然，法律体系同样也在不断地完善变化中，这对法律进步、国家发展、民生保障起到积极的作用，但是却给企业带来了风险。尤其是对外来投资企业而言，本身就对东道国的法律不够熟悉，不可预测的变化更提高了不确定性的存在。

四、并购风险

企业并购通常是为了扩大市场份额、提高盈利能力、规避投资风险、确保竞争优势、购买品牌等。并购的法律风险主要是金融风险、汇率风险和融资风险。除了金融系统的分歧、脆弱性和其他一般性风险之外，还有有形资产与无形资产的定价波动也会使并购项目完成不了预期目标。此外，大多数投资者应该通过贷款融资，融资和偿还货币选择可能非常危险。如果你选择了错误的还款期，汇率的变化会给企业带来巨大的损失。外国投资者如果对反垄断法的经济体系缺乏了解，就会被认为触犯了反垄断法和危及其经济安全等。

国内企业进行海外投资时，要先了解两个国家的相关规定、有关政策、程序、法律规范才能有效规避风险。

第一，根据两国的要求，进行海外投资或并购国外企业时，注意流程和正常程序，包括履行可研程序、履行境外投资备案和核准程序、履行内部决策程序、履行外汇登记程序、履行财务审批手续、其他程序。其中涉及的法律规定有《公司法》《境外投资项目核准和备案管理办法》《境外投资管理办法》《境内机构境外直接投资外汇管理规定》《境外投资暂行管理办法》。

第二，《中华人民共和国企业国有资产法》第三十六条规定，涉及国家出资的企业进行投资应当符合国家产业政策，同时，国家出资企业对外投资应当按照国家规定进行。并且，国家出资企业与他人之间的交易应当公平、有偿，并取得合理的价格。应当注意的是，企业无论是在国内还是国外投资都要符合国家产业政策的要求，严格按照国家规定来进行一系列的事务开展，遵循客观公正的原则。

第三，国家针对国内企业对外投资中的环境问题印发的《对外投资合作环境保护指南》中要求相关部门，加强企业的环境保护意识。企业在对外投资的过程中，应注意对所投资的企业在生产过程中是否对环境有危害，有没有减轻污染的方案，再做决定。

第四，对海外企业进行并购时，企业要对境外投资对象进行相关调查。境外被投资企业是否具备主体资格，要从其商业登记、变更文件入手，可以在投资当地安排律师到投资对象登记的商业登记处查询，查询的文案资料包括合法经营的相关文件、授权委托书、股权变更、资信证明等。对投资企业的资产也要有所了解，确定是否有资产被抵押扣留的情况。此外，企业担保文件、重要合同文件、诉讼仲裁文件、人事保险文件、涉及行政处罚或触犯其他法律规定的文件等，国内企业都要重视起来。

实际上，企业境外对外投资中的很多注意事项在国内投资中也会涉及，两者并不是绝对分离的，对国内的对外投资亦有参考价值。

3.4　在风险投资中的法律风险

风险投资又称风投，根据国际风险投资协会的定义，风险投资是指专业人士投入新型的、迅速发展的、具有巨大发展潜力的企业中的一种权益性资本。风险投资专注于一些新兴的高科技型、创新型的中小企业的创立，希望在其成功后能获得高资本收益。

企业风险投资则是指有明确主营业务的非金融企业进行的风险投资活动。企业风险投资的方式有两种，一是将用于风险投资的资金委托给专业的风险投资机构管理，由其成立的投资基金根据委托方的战略需要选择投资目标；二是企业直接成立独立的风险投资子公司，其运作方式与专业的风险投资公司相似。典型的风险投资就是第一种方式，比较常见和常用。

风险投资作为一种高投资、高风险、高回报的投资方式和高新技术企业融资的重要手段，对促进高新技术产业化，科学技术向生产力转化具有催化促进作用。诸如微软、特斯拉、脸书等龙头企业都是通过风险投资的方式发展而来的。我国对风险投资越来越重视，企业也越来越青睐这样的投资方式，但由于法律体系不完备，以及实践中存在许多不确定因素，所以风险投资存在的法律风险不容忽视。

一、信息不对称的法律风险

企业风险投资比较常见的做法就是将自己的资金委托给专业的风险投资家和投资机构，由风险投资机构选择合适的企业和项目进行投资，那么在这一过程中可能会存在一些法律风险，总结来看主要包括两个方面的内容：

1. 风险投资专家与风险投资人之间的信息不对称

在资金募集的过程中，投资人将自己的资金委托给风险投资专家，本应对风险投资专家各方面都有清楚的认识，包括能力、个人素质、性格等。但是由于信息不对称，就会出现投资人对投资专家的这些方面不太了解，从而对风险投资专家的能力未可知，面临着能否投资一个好项目或者资金能否被用到位的风险。另外，项目投资完成后，风险投资专家能否尽心尽力对待自己的工作，是否敬业，投资人缺乏对这类信息的知悉，可能会面临风险投资专家敷衍了事，不能物尽其用的风险。

2. 风险投资专家与要投资的项目或企业之间的信息不对称

一方面风险就存在于项目投资过程中风险投资专家与企业之间。风险投资肯定是要选择好的企业和有潜力的项目投资，但是对于要投资的特定领域，风险投资专家不可能每个都在行，他在资金的运作方面是专家，但是在某些高度专业性的领域他也无法真正了解透彻，这是客观存在的风险。另一方面无论是风险企业还是风险投资机构，都是营利性的组织，在某些方面他们也会对所掌握的信息有所保留，主观上都希望在博弈中使己方利益最大化。

面对这类风险，首先，风险投资人应当在事前做好调查论证工作，尽可能地了解自己所委托的风险投资专家的真实情况。其次，风险投资机构往往会采取有限合伙的形式，这种形式下，风险投资人的权益在很大程度上受到了保护，以其投资额为限承担相应的责任获得收益，风险投资专家则要承担更重要的责任。另外投资者还可以通过对与风险投资专家之间的投融资合同上的约定事项的合理安排，以及设置激励条款、约束条款来避免因风险投资专家的主观行为造成的风险。

二、技术开发与产业化不能的风险

风险投资人委托风险投资专家投资开发一项新技术，这项技术研究成功与否即一种风险。风险投资人之所以投资这项技术，是希望它能够工业化、产业化，迅速发展起来以获得收益，这就是又一项风险。投资的这项技术能否商业化，适应市场的需求，批量化生产，这是一个很关键的节点，也是投资能够获得高回报的根本所在。我们把技术成果产业化前期投入的资本称为种子资本，即技术开发出来所需要的资本。是各种投资资本进入最早的，相对风险也就较高。技术开发出来以后，有了较为明确的市场前景，就需要投入资本使其在企业当中有很好的运作，这里的资本称为导入资本。当风险企业进入成熟期，达到成长的平衡点再进行资本注入，就是发展（扩张）资本，这一时期的各种风险大大降低。但是，不论哪一时期，哪个类型的资本，对于投资者而言其风险性都是存在的，对于此类风险的防御，可以从合同中约定双方的权利和义务入手，技术开发成果的分享与技术开发失败的责任承担等都可以通过合同约定，明确了双方的责任也就减少了投资者所面临的风险承担。

三、与风险企业知识产权有关的风险

1. 风险公司对核心技术的所有权是否存在法律上的瑕疵

这一类型的风险也需要从两个方面来表述。其一是风险企业的核心技术是否属于该企业创始人本人，该项技术是否属于职务发明，知识产权归属于所在的单位。其二是核心技术确为该企业创始人所有，但是创业者与原单位的劳动关系问题、遵守同行竞争禁止规定、原单位专有技术和商业秘密的保密等问题，也限制了创业者对该项核心技术的运用，即你虽然拥有这项技术，却无法使用。

2. 知识产权遭遇非法侵害的风险

知识产权遭受非法侵害体现在商标权受到侵害以及专利保护问题。国内有很多老字号企业商标权受到侵害或被抢注，如娃哈哈、杜康等。专利保护在国内国际上都存在风险，尤其很多国家对外来品牌要求苛刻，设置重重障碍。

对于知识产权方面的风险，首先要重点审查创业者与原单位的劳动关系是否已经解除，是否存在禁止竞争和商业保密的问题，确保创业者本身不存在法律问题。核心技术的归属问题更应该慎重对待，审查是否属于职务发明，避免出现侵犯他人知识产权的情况。知识产权归属不明确的，应当依法申请专利权的归属和使用，避免不必要的纠纷。

《中华人民共和国专利法》第六条规定："执行本单位的任务或者主要是利用本单位的物质技术条件所完成的发明创造为职务发明创造。职务发明创造申请专利的权利属于该单位；申请批准后，该单位为专利权人。

非职务发明创造，申请专利的权利属于发明人或者设计人；申请被批准后，该发明人或者设计人为专利权人。

利用本单位的物质技术条件所完成的发明创造，单位与发明人或者设计人订有合同，对申请专利的权利和专利权的归属作出约定的，从其约定。"

此外对于知识产权遭受非法侵害的风险，风险企业应当建立健全自己的知识产权保护体系。

四、风险投资协议履行的风险

风险投资达成协议之后，就会有实际的企业运行过程，尽管协议规定可能看起来没有漏洞，但是在履行过程中往往会出现很多意想不到的问题。

1. 资源配置、股份分配以及权力行使的问题

股权结构与法人结构的合理性，即风险企业中技术人员、管理人员、股东之间的股份权利分配，以及行使权利所获回报的安排，否则就可能出现内部关系不和、争议频出，更有甚者，股东不积极行使自己的权利，风险企业被其他个别股东全权控制，做一些危害其他股东和公司利益的行为。

2. 股东权益保障问题

公司如何保护股东的权益尤其是中小股东的权益，这是非常重要的问题。风投人通过风投机构将资金投入之后，为了自己的回报，不可能不去管理和控制这个企业。风险投资企业中的部分股东可能会通过合同中的一些特别约定和章程来排除其他股东的权益，给风投人带来损失。

《公司法》中规定股东对企业的事务有知情权，对召开股东会议有请求权，对于股东决议有质询权，而且新的公司法中对于股东转让股权也作出了保护条款。风险投资人一定要充分了解公司法和公司章程中赋予股东的权利，积极行使自己的权利，制定协议和章程时，积极参与其中，审核其中的内容，避免出现对自己不利的条款。

五、原股东回购不能（股权转让不能）的风险

风险企业发展不好或者未成功上市，这时候风险投资往往要退出，回购退出的方式主要是指股东或者管理层回购，风险企业原股东回购风险投资方的股权实际上是一种特殊的股权转让，这种方式的退出给了风险投资方投资保障，回购不能是一种潜在的法律风险。

针对此类风险，风险投资人完全可以通过协议条款内容的设置来避免。在签署协议时要明确约定有关回购的事项，设置条款。在公司章程中约定取消对股权转让的内部限制，在条文规定中，回购主体（原股东、管理层）要明确标出，切忌含混不清地以"企业回购"来代替，从而违反相关法律规定。

六、风险投资协议缔约不能、缔约不当以及商业秘密保护的风险

风险投资专家选中某个项目进行投资，双方需对各方面事项的解决达成共识，谈判的最终就是《风险投资协议》的制定。《风险投资协议》是规定风险投资资金方向与双方权利义务的基本法律文件，这份协议在缔约的过程以及缔约完成之后也存在法律风险。

1. 缔约不能的风险

缔约不能就是指双方有合作意向，在接触、了解、初步谈判之后合作意向加深，但是在进一步的谈判之后发现很多事情达不成共识，合作也就无法再进行。但是双方在之前的沟通谈判中已经付出了时间、金钱等成本，双方损失承担的问题需要注意。

对于这样的风险，双方可以在事前做好责任承担的约定，一旦缔约不能，就按照约定承担相应的损失。此外《合同法》第四十二条规定了关于特殊情形下合同签订不能的责任承担："当事人在订立合同过程中有下列情形之一，给对方造成损失的，应当承担损害赔偿责任：

（一）假借订立合同，恶意进行磋商；

（二）故意隐瞒与订立合同有关的重要事实或者提供虚假情况；

（三）有其他违背诚实信用原则的行为。"

2. 缔约不当的风险

在风险投资的双方合作中，缔约不当是比较常见的问题之一。我国现阶段有关风险投资的法律体系不够完善，风险投资经验不够丰富，很多投资者会把风险投资协议当成普通的股权转让、参股的一类协议。这样的协议对双方权利义务的约定不明确，存在很多不恰当的地方。

对于缔约不当的风险防范，主要还是依靠双方的沟通。在合作过程中灵活制定各项事务，缔约不当，双方就相关内容进行补充和修正，协商不成的可依照合同纠纷的解决方式解决。

3.商业秘密被泄露的风险

双方在达成共识，协议谈判的过程中会涉及商业秘密，无论最终是否缔约成功，合同签订，商业秘密都是探讨的事项之一，也因此面临着被泄露的风险。

《合同法》第四十三条规定："当事人在订立合同过程中知悉的商业秘密，无论合同是否成立，不得泄露或者不正当地使用。泄露或者不正当地使用该商业秘密给对方造成损失的，应当承担损害赔偿责任。"

谈判的双方无论是基于法律规定，还是道德层面的要求，都应当对对方的商业秘密进行保密。双方可于谈判前具体约定相关的保密条款及违约责任，以降低这样的风险。

七、尽职调查不实存在的风险

风险投资专家与风险企业之间需要有一个双向了解的过程，彼此相互调查摸底，尤其是风险投资专家对风险企业的了解，风险投资专家是连接风险投资人与风险企业的关键点，同时也承担着双重责任，既要对自己的委托人负责，也要对风险企业负责。一般来说，在与风险企业合作之前，风险投资专家往往会委托律师、会计师等中介机构对风险企业的资产情况、业务情况等各方面做一个尽职调查，这个调查也会存在法律风险。由于调查过程中的各种原因和影响因素，有时候最终调查结果可能会与真实的情况大相径庭，从而获得错误信息，因此给风险投资人带来巨额损失。这样的情况虽然不太常见，但是现实中是有这样的案例发生的。

出现这种风险的原因，一方面是中介机构不够敬业，态度不谨慎，自己的工作没有做到位；另一方面可能是涉及相关利益的人员故意为之，营造一种假象，不顾事实，只想要自己想要的结果。风险投资专家选择中介机构时，一定要选择那些有权威、声誉信誉好的机构，同时在调查过程中也要时时监督，不做甩手掌柜。进行尽职调查一定要有一个端正的态度，心怀不轨不会得到想要的好处，最终的结果只能是每一方都受到损害。

八、清算不能的风险

风险投资企业项目的失败率是很高的，这些投资失败的项目就会涉及财产清算问题，这也是风险资本唯一的退出途径。如果不能及时清算，风险投资方收回全部或者部分投资本金的概率就会大大降低，同时，这期间风险企业仍具备法人资格即公司权利不受限制，这对风险投资人来说危害更大。

清算包括解散清算和破产清算两类。《公司法》第一百八十条规定：公司因下列原因解散：

（1）公司章程规定的营业期限届满或者公司章程规定的其他解散事由出现；

（2）股东会或者股东大会决议解散；

（3）因公司合并或者分立需要解散；

（4）依法被吊销营业执照、责令关闭或者被撤销；

（5）人民法院依照本法第一百八十二条的规定予以解散。

第一百八十二条规定："公司经营管理发生严重困难，继续存续会使股东利益受到重大损失，通过其他途径不能解决的，持有公司全部股东表决权百分之十以上的股东，可以请求人民法院解散公司。"

公司解散应当依法成立清算组按时清算，这属于解散清算。

第一百八十七条第一款规定："清算组在清理公司财产、编制资产负债表和财产清单后，发现公司财产不足清偿债务的，应当依法向人民法院申请宣告破产。"

破产清算的风险在于，企业已经资不抵债，投资方将血本无归。

当公司出现严重经营困难或者其他解散事由后应当立即终止公司对外经营，成立清算小组清算公司资产。

附录：企业投资管理工作表单

投资管理表单

长期投资明细表

填制单位：　　　　　　　　年度：　　　　　　　　单位：元

投资单位	初始投资成本	期末长期投资金额	投资比例	被投资单位的实收资本

投资项目分析表

填写日期：

专案名称及内容说明					根据计划或理由				风险性	
投资金额及支出预计			收益分析估计							
项目	说明	金额	年度说明	年	年	年	年	年	年	合计
			增加收益							
			投资金额							
			增加人工成本							
			增加折旧							
			增加材料支出							
			增加毛利							
			增加利息费用							
			增加净收益							
			增加周转金							
			……							
			累计净收益							
合计			累计投资支出							

投资效益分析表

投资名称	投资类别				预计投资金额	已支付金额	完成程度		估计收益状况			
	产品	产量	财务	其他			已完	%	金额	收益期间	回收年限	收益率（%）
合计												

投资项目管理卡

项目名称			项目编号				
进度安排							

	年度 说　明	年	年	年	年	年	合计
收益状况分析	实际增加收益①						
	实际投资金额②						
	净收益③						
	预计净收益④						
	累计净收益⑤						
	预计净利益⑥						
	累计净利益⑦						
	预计投资额⑧						
	累计投资额⑨						
	差额④－⑤－⑦＋⑨						

资金用途说明表

单位：万元

项　目	共需资金	自有资金（含贷款）	需向金融机构融资部分
土地			
建筑物			
机械设备与公共设施			
营业用品与各项设备			
装修			
开张前费用（开办费）			
营运资金			
合计			
偿还贷款			

投资完成情况表

填报单位：

类别	累计完成上年计划投资额		本期累计完成本年计划投资额		本月投资资金来源						销售企业收购数目
	计划工作量	实际完成财务工作量	计划工作量	实际完成财务工作量	合计	上年投资额结余	月初投资额结余	自有资金	内部分割建设资金	借款	
总计											

重要投资方案绩效核计表

年度：

投资编号	投资名称	收回期间	估计投资金额	实际投资金额	预计应回收金额	实际已回收金额	预计回收率		预计收益率		备注
							预计	修正	预计	修正	
合计											

投资管理工作流程

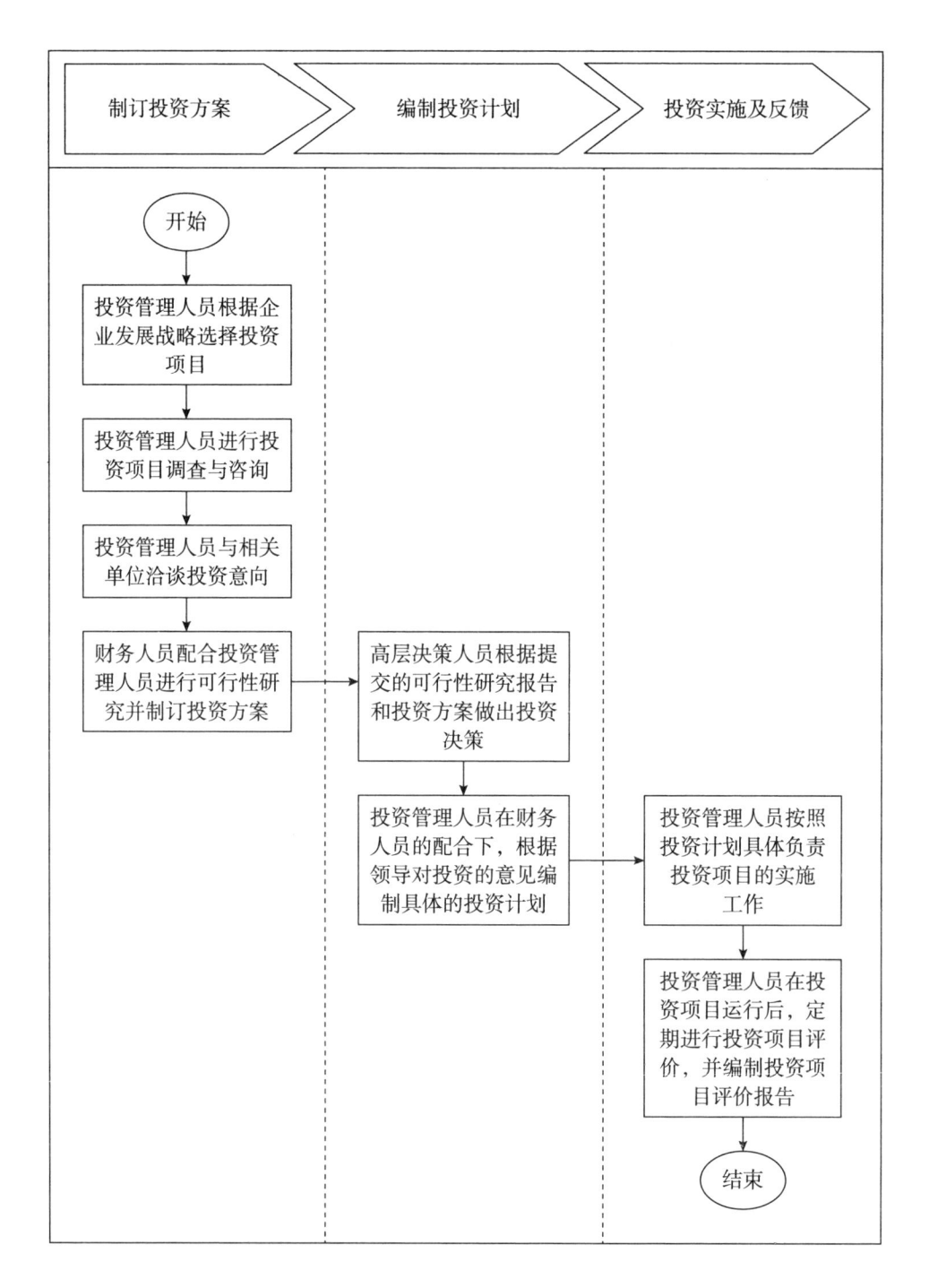

制订投资方案	编制投资计划	投资实施及反馈

制订投资方案：
- 开始
- 投资管理人员根据企业发展战略选择投资项目
- 投资管理人员进行投资项目调查与咨询
- 投资管理人员与相关单位洽谈投资意向
- 财务人员配合投资管理人员进行可行性研究并制订投资方案

编制投资计划：
- 高层决策人员根据提交的可行性研究报告和投资方案做出投资决策
- 投资管理人员在财务人员的配合下，根据领导对投资的意见编制具体的投资计划

投资实施及反馈：
- 投资管理人员按照投资计划具体负责投资项目的实施工作
- 投资管理人员在投资项目运行后，定期进行投资项目评价，并编制投资项目评价报告
- 结束

投资风险管理工具表单

盈亏管理计划表

年度		项目	销售总额	变动费用	边际收益	销售固定费用	部门直接收益	回收总额
	上半年	计划						
		实际						
		完成率						
	下半年	计划						
		实际						
		完成率						
	上半年	计划						
		实际						
		完成率						
	下半年	计划						
		实际						
		完成率						

投资盈亏统计表

年度：

项目	金额		备注
	小 计	合 计	
上期未分配盈余			
本期税后收益			
调整项目			
1.			
2.			
分配项目			
法定盈余公积			
特别盈余公积			
各项准备			
股利			
本期未分配盈余			

投资经济分析表

<table>
<tr><td rowspan="2">投资
类别</td><td rowspan="2">□购置更换设备
□开发产品组件
□提高生产效率
□财务投资</td><td rowspan="2">投资
方案
说明</td><td rowspan="2">1.
2.
3.
4.</td><td colspan="2">投资有效期限</td></tr>
<tr><td colspan="2">预计开始日期</td></tr>
<tr><td colspan="4" rowspan="2"></td><td colspan="2">负责部门</td></tr>
<tr><td colspan="2">利息计算方式</td></tr>
<tr><td rowspan="4">投资收益分析</td><td>年度</td><td>投资收益说明</td><td>收益性质或资金来源（利率）</td><td>当期收益金额</td><td>累积收益总额（利息）</td><td>当期投资金额</td><td>累积收益总额（利息）</td><td>净利</td></tr>
<tr><td></td><td></td><td></td><td></td><td></td><td></td><td></td><td></td></tr>
<tr><td></td><td colspan="2">合计</td><td></td><td></td><td></td><td></td><td></td></tr>
<tr><td colspan="2">填表说明</td><td>填写投资款项及收益性质的说明</td><td>收益名称或资金来源及利息</td><td>填写预定收益金额</td><td>当期收益总额加本期利息及收益</td><td>填写预定投资金额</td><td>前期投资总额加本期投资、利息</td><td>收益总额减投资额</td></tr>
<tr><td colspan="2">回收期限</td><td colspan="2"></td><td colspan="2">利益总额</td><td>投资价值</td><td colspan="2">□良好 □尚可 □不佳</td></tr>
</table>

Chapter 8
外聘律师管理业务实操

第一节 ｜ 外聘律师管理概述

外聘律师对一个法务部门来说是非常重要的。特别是对于那些没有成立法务部或没有法务人员的中小型企业而言，外聘律师是他们的唯一选择。

虽然随着近些年法律事务管理的快速发展，企业缺少法律部门设置的局面已大有改善，但是大多数企业仍倾向于聘请外部律师。对于一些重大案件或项目，聘请外部律师几乎成了必然的选择。因此，企业法务部对外聘律师的管理已成为他们的重要职责。

1.1 为什么要外聘律师进行法务管理

对于没有成立法务部门或没有法务人员的中小型企业来说，聘请外部律师是他们的必然选择。但对于那些已自主成立了法务部门的企业来说，为什么要从外部聘请律师呢？这还要从内部律师和外部律师的区别说起。

一、内部法务人员与外聘律师的区别

企业内部法务人员是企业的内部员工，他们与企业是劳动合同关系，直接受企业的领导，对企业负责。而外聘律师为顾问律师，他们是专职的执业律师，他们为自己所担任法律顾问的企业提供法律服务，其所属的律师事务所与企业是合作关系。两者在工作重点上存在不同。

就内部法务人员来说，他们在企业中承担了较多的行政事务，可以说秘书的角色要多于律师的角色。而外聘律师为全职的法律工作者，基于顾问合同的约定为企业提供专业的法律服务。

在思维方式上，内部法务人员首要考虑的是如何平衡各部门间的关系，因为他们的某个决策或观点经常会直接涉及某部门的行为是否恰当或存在问题，在思维方式上类似于政府官员。而外聘律师则更加致力于解决公司出现的各种法律问题，思维方式上类似于商人。

二、外聘律师的优势

1. 从业务技能上来说，内部法务人员除要应对内部法务工作外，还要身兼诸多行政管理工作，使他们在专业技能上往往不如外聘的专业律师。

2. 在对待法律事件的态度上，由于内部法务人员与企业为从属关系，因此当其履行法务工作时，难免会受到身份和地位的影响，容易被企业领导所左右，进而失去独立性，做出错误判断。而外聘律师则没有这些顾忌，一般不会被企业影响自己的专业判断。

3. 从成本上看，外聘律师的雇佣成本一般要少于企业设立一个较好的法务部门的成本。首先企业不需要给外聘律师缴纳五险一金，也不用给他们提供固定的办公场所，更不用担心他们因"辞职"而增加的招工成本。可以看出，外聘律师有很大的竞争市场。

虽然外聘律师与企业内部法务人员相比有其优势，但前文已提，企业设立内部法务部门也有非常重要的必要性。企业需根据实际情况，合理搭配内部法务人员与外聘律师的使用，达到协调双赢，为企业创造更大的价值。

1.2 外聘律师管理的主要原则

对外聘律师的管理应遵循以下几条主要原则：

一、统一管理，分级负责

对大型企业来说，总部是整个企业的管理核心，负责对下属分公司支配管理。对法律事务的管理也是如此，如果把所有法律事务都集中在总部，既没有必要，也很难实现。因此在企业管理中，企业管理者都会按照法律业务的重要程度或涉及的金额多少划分总部和下属单位的管辖范围。

总部法务部负责对全公司的法律事务归口管理，制定相应的法律事务管理规章制度，对分公司或下属单位的法务工作监督管理，主要办理公司总部的法律事务。下属单位的法务部门则主要办理本单位的法律事务，并接受总部法务部门及本单位的双重领导。这体现了法务管理的分级负责原则。

统一管理指的是企业上至总部，下至分公司必须有一个统一的制度和标准。分公司在处理法律事务时，不需要事事求助于总公司，从而提高工作效率，替总部分担工作压力。

二、公正公开，择优聘用

对外聘律师的选拔应本着公正公开的原则，这样才能聘用到更专业、更优秀的外聘律师。

三、以内为主，内外结合

本公司的法律事务应由内部法务部门主要负责，从原则上讲，只有当企业内部法务部门无法完成工作时，才考虑聘用外部律师。

具体来说，通常在以下六种情况中可以考虑聘用外部律师：

1. 企业重组上市，发行债券、股票、票据等，需要有相应法律资质的律师办理，此时如果企业不具备相应条件，可考虑外聘律师；

2. 对于一些重大或复杂的案件，企业内部法务人员不具备丰富的经验或时间不允许时，可考虑聘用外部律师；

3. 在涉外法律事务中，对法务人员的要求与对内部法务人员的要求不同，内部法务人员无法胜任时，可考虑聘用外部律师；

4. 对内部法务人员来说，一些程序较为复杂的知识产权事务，办理起来具有一定困难时，可考虑聘用经验丰富的外部律师；

5. 对一些专业性较强的法律业务，内部法务人员难以胜任时，如反垄断、反倾销等，可考虑外聘律师；

6. 一些特殊的法律事务。比如，申请许可，一些拥有特殊资源的律师可大大缩短办理周期。为了提高企业办事效率，可考虑外聘律师。

1.3 外聘律师管理的特征

一、对外聘律师进行管理的主责部门

对外聘律师进行管理的主责部门是公司法务部门，如果公司没有法务部门，那么就由负责法务管理的部门管理。当主责部门管理外聘律师的时候，应遵循以下原则：

1. 外聘律师的聘用兼顾专业性及经济性原则；

2. 支付外聘律师的费用应兼顾真实性和及时性原则；

3. 外聘律师服务的使用需掌握必要性原则；

4. 对外聘律师的解聘需遵循统筹性原则。

二、对外聘律师的管理宗旨

对外聘律师的管理宗旨是实现本公司的效率优先及成本控制。对外部律师的聘用，一方面是为了提高本公司各类法律业务处理的专业性及效率，另一方面是为了控制本公司各类法律业务处理的成本。因此在多数情况下，对外部律师的聘用可以减少不必要的浪费，少走弯路，节省企业法务的开支。

三、外聘律师管理的资源

对外聘律师的管理要有组织、人力和资金的保障。良好的外聘律师管理能提高公司的效率，控制支出成本。因此，对外聘律师的管理不能纸上谈兵，也不能形同虚设，要真正落到实处。这就要求：

1. 公司对外聘律师的组织、人力及资金的配置要符合公司的实际规模情况。资源配置的过度会增加公司的成本，资源配置的不足则会影响外聘律师管理的实施，进而影响对外聘律师的管理效率。

2. 对外聘律师的管理流程设计要符合本公司当前的情况和需求。

3. 对外聘律师管理的组织、人力、资金的配置及案件的管理流程设计应有一定的包容性和弹性，在具体操作中可根据公司具体情况的变化做出一定调整。

第二节 ┃ 外聘律师管理制度和流程

2.1　对外聘律师的日常管理

一、外聘律师服务机构的轮换

企业不可长期聘用一个法律服务单位，这样容易造成反客为主的局面，从而给企业带来负面影响。具体来说，常年的法律顾问聘用期限一般不得超过三年，专项法律顾问也要定期轮换，不能过于固定。

二、定期更新外聘法律服务机构库

外聘法律服务机构库是由企业建立的，方便在有需要时从中筛选法务机构。企业应定期更新外聘法律服务机构库，对不符合规定的法务机构予以删除、淘汰，时间应控制在平均两年更新一次。具体来说，具有以下情况之一的法务机构应予以删除：

1. 已经不符合入库基本标准的；

2. 发现有弄虚作假情况的；

3. 泄露企业商业机密的；

4. 执业水平有问题，所出具的业务报告有重大质量问题或与实际情况明显不符的；

5. 因工作失误造成企业遭受重大损失的；

6. 因服务态度、服务质量而遭到委托单位举报、投诉的；

7. 其他不符合入库要求的。

三、建立日常信息交流制度

日常信息交流制度的建立可帮助企业法务部及时掌握外聘律师的动态，便于把握其工作情况和业务现状。

1. 及时与业务部门进行沟通

企业内部法务部门应经常和业务部门就外聘律师的工作情况进行沟通，听取业务部门的建议和反馈，及时发现并解决出现的问题。

2. 及时与行政机关、行业主管机关进行沟通

行政机关、行业主管机关的主要工作包括对外聘法律机构实施监管，并对违规的情况进行处罚。因此，企业内部法务部门应与行政主管机关建立信息交流制度，及时获取外聘法律服务机构的奖罚情况，当发现问题时，及时处理。

3. 及时与司法机关沟通

与司法机关取得沟通可以及时了解外聘律师的执业情况。

四、外聘律师的档案管理

对外聘律师进行档案管理的作用及意义在于：可以提高外聘律师管理的工作效率，降低外聘律师管理工作强度，进而为企业降低管理成本。对外聘律师实施电子化档案管理，可达到事半功倍的效果，运用电子软件管理档案通过网络可随时随地检索、查阅档案，也可以管理档案业务。这样，不仅能提高效率，减少档案的丢失、泄密，还能推动企业变革管理，配合组织、流程、信息一体化的整合。

2.2 构建外聘律师管理的考核方法

一般来说，对外聘律师的考核由企业内部法务部门进行，必要时也可与相关的企业部门同时进行。主要考核的方法有年度考核和专项考核两种。

一、考核的主体

对外聘律师的考核主体为企业内部法务部门。内部法务部门应建立相应的考核制度，规定考核的标准、程序和内容。还应建立外聘律师执业档案，记录其资

质的状态、业务承受能力、服务质量等，以便成为续聘依据。

二、年度考核

年度考核主要分为两个方面，一为对其资质的考核，二为业绩和服务质量的考核。

此外每年还应对外聘法律服务备选库中的机构进行考核，主要的考核内容包括年度奖惩情况、人员变动情况、资质变动情况、年检情况等。

三、专项考核

当外聘律师完成专项法律服务业务后，应对其法律服务做出考核。企业法务部应在征求业务部门的意见之后，对外聘律师的服务情况做出客观评价。

第三节 ▎外聘律师管理实务

3.1 外聘律师的费用管理

近年来,越来越多的企业对高昂的律师费用感到担忧。甚至一些公司还专门采取措施对律师费用进行统一管理。因此,对律师费用的控制已经逐渐成了企业管理者和法务总监应重点考虑的问题。

一、外聘律师收费存在的问题

1. 过度研究。一些计时收费的外聘律师会把某个问题进行过度的研究,把大量时间放在研究上,从而提高律师费,造成了企业的无谓损失。

2. 重复计费和不当计费。在计时收费的律师雇用中,还会出现多个律师同时参与咨询或同时进行法律调研,致使律师费用过高,而企业却得不到实惠。还有一些律师会把基本法规的查找时间、路途时间都算到计时中,在不主动告知企业的情况下,显然是不合适的。

3. 当外聘律师机构内部人员调整时,后续的律师需要一定时间熟悉业务,此过程需要企业埋单。

4. 一些律师会在收费的法律意见书上增加不必要的修饰语和铺垫,致使律师费增加。

5. 一些外聘法律服务机构会派出经验不足的初级律师应付企业,从而变相浪费企业培训资源和律师费用。

二、费用管理措施

1. 企业应明确该事项是否需要外部律师。对于那些完全可以由内部律师处理的业务就无须聘请外部律师。对那些内部律师不能处理的业务，也应委托外聘律师负责业务的核心部分，一些常规性、辅助性事项，内部律师可以完成的应由内部律师完成。

2. 企业发生争议时，应尽可能地选择成本较低的解决方式，如调解、仲裁，尽量避免诉讼的情况发生。

3. 降低外聘律师的费率，提高外聘律师的使用率。可限制在某些项目上的费用，要求律所列出详细的账单明细。

4. 运用风险代理收费模式。律师按照企业受到的裁判金额的一定比例收费，其收到的佣金和其工作成果的质量挂钩。如果企业败诉，则律师得不到律师费。这样既可以避免律师的道德风险，也可以起到激励效果。

5. 与外聘律师约定绩效考核奖励。将律师最后所得的律师费与其工作绩效相挂钩，激励并提升律师的工作效率。

6. 制定案件或项目的律师费用预算。预算要尽可能细致、全面，并按照一定阶段罗列。当某一阶段出现超出该阶段预算一定比例时，需在下一阶段得到弥补，或本阶段超出预算的部分要延迟支付。这样做可以让法务人员和外聘律师注意对律师费的使用控制，从而减少企业开支。

3.2　对外聘律师的质量要求

企业不光要对外聘律师收取的费用进行管理和控制，也要对外聘律师服务的工作质量严格把关。所谓外聘律师服务的工作质量，是指律师按照行业公认标准及客户要求提供服务后客户需求的满足程度。为了更好地评价外聘律师的工作质量，企业法务部门应建立一套可操作的质量控制措施。

第一，企业法务总监应亲自审核外聘律师工作成果，如其出具的意见书或某交易方案等。如有必要，还可交由第三方法律事务所的律师交叉复核，这样可以更客观准确地评价该外聘律师的工作质量。

第二，如在多次复核之后，仍发现外聘律师存在工作问题，应及时要求律师事务所更换律师。如两三次更换律师后，仍存在质量问题，应立即与该律师事务所中断聘用关系。这种保护机制应提前清楚地写在"聘用协议"上。此外，还可在"聘用协议"上增加索赔和降低服务费用的约定，这样可以更好地保证企业利益不受损失。

第三，要在聘用的条款上，对外聘律师形成一种督促其提高工作质量的需向，这样会影响该外聘律师的心态，使其更加积极负责。一个具有积极心态的律师可为企业提供更优质的服务。

第四，法务总监还应明确规定外聘律师的响应时间，就像规定企业内部法务人员在做企业法律服务时的工作时限一样。这样可以为客户节省宝贵的时间，避免客户陷入漫长的等待之中，提高工作效率。具体来说，对于合同的审核，外聘律师应该在交办之日起的两个至三个工作日内给出修改意见。如果出现特殊情况，应及时以电话或邮件的方式说明原因。

企业设立法务部门及聘请外部律师的根本目的是为企业谋发展，如果两者各自为政，不能协调配合，一定会使工作效率大打折扣，进而给企业带来损失。

作为企业的内部法务部门，应时时刻刻为企业的利益着想，尽可能地与外聘律师默契配合，达到互利共赢的效果。同时，企业法务与外聘律师也有其各自的长处和短板，只有充分地协作才能弥补双方的不足和缺陷，从而提高双方为企业提供法律服务的水平。

为了达成这一目的，法务与外聘律师事务所的协作方式包括以下两种：

1. 互派法律人员，培养业务能力。

2. 企业的法务总监可与外部律师事务所的管理者进行沟通，为事务所提供一个在一定时期、一定范围内的人才培养。

附录：外聘律师管理基本表单

企业外聘律师管理办法范本

×× 集团有限公司外聘律师管理办法

第一章　总　则

第一条　为有效发挥外聘律师的作用，保障公司战略发展规划的实施及生产、经营活动以及项目管理中法律风险防范，根据《国有企业法律顾问管理办法》《××总公司法律事务工作暂行办法》以及集团公司的有关规定，结合公司本部及所属各单位的实际，制定本办法。

第二条　公司本部及各单位外聘律师的管理，适用本办法。

第三条　本办法所称的外聘律师是指：受公司聘用，为公司提供相应法律服务，具有律师资格证书并具有律师执业资格证书，且在律师事务所执业的专职律师。

第四条　外聘律师的选聘应当坚持专业性、高效性、经济性的原则。各单位法律事务机构（或合同管理机构）是本单位外聘律师的管理机构，要定期向上一级法律事务机构报告外聘律师情况。

第二章　外聘律师的主要工作范围

第五条　参与企业的生产经营管理活动，协助公司健全或完善生产、经营、财务、劳动人事等各项规章制度。

第六条　根据企业经营管理工作的需要，提供法律咨询，必要时出具法律意见书。

第七条　就企业生产、经营、管理方面的重大决策提供意见，或应企业的要求，从法律上对其决策事项进行论证，提供依据。

第八条　为企业草拟、审查或修改法律文书和其他法律文件，如合同、协议、决定、声明、命令、规章、章程等，使之符合国家法律和有关政策。

第九条　应企业要求参与商务谈判。

第十条　在授权范围内，代表公司发表有关法律事务申明，并根据需要向相关单位和个人发送律师函。

第十一条　提供与企业密切相关的法律、法规、规章、政策等最新资讯，并向企业通报最新行业法制动态，提出相应的对策和建议。

第十二条　完成企业交办或双方约定的其他法律事务，如诉讼、仲裁、资信调查等。

第三章　外聘律师的聘请

第十三条　法律事务部负责公司常年法律顾问的聘请工作。

第十四条　公司及各单位确因工作需要，需另聘律师担任常年法律顾问或做专项法律服务（含仲裁、诉讼）的，须事先将事由及拟定聘请的律师情况报公司法律事务部，经其审查后报公司总法律顾问批准后方能聘请。聘用合同签订后10日内报集团公司法律事务部备案。

除确因实际工作需要外聘律师担任常年法律顾问外，各分公司及项目部原则上不得外聘律师担任常年法律顾问。

第四章　外聘律师的管理

第十五条　外聘律师必须签订律师服务协议，主要内容包括服务范围、服务方式、保密承诺、服务成果验收、费用支付方式、争议及解决方式及违约责任等。

第十六条　公司及各单位的外聘律师协议，必须有公司法律事务部签署的意见及公司总法律顾问的批示，财会部门方能按照协议的约定支付费用。

第十七条　公司法律事务部有权随时了解本单位外聘律师的工作情况，如外聘律师不按合同约定履行义务，或不尽职甚至损害委托单位利益的，法律事务部应采取有效措施解决，造成损失的应依约追究其责任。

第十八条 公司法律事务部应根据外聘律师工作的情况进行定期考核。

第十九条 公司法律事务部每年2次（第1次为上半年时段于7月10日前，第2次为全年时段于次年1月10日前）向集团公司法律事务机构报送《外聘律师统计表》。

第五章 附 则

第二十条 本办法由公司法律事务部负责解释。

第二十一条 本办法自20××年×月×日起施行。

外聘律师审批表

申请单位：

聘请事由及聘请要求：
申请单位负责人签字（单位公章）：

年　月　日

	拟聘律师基本情况			
合规与风险管理部门意见	姓名		律所名称	
	职业资历		年龄		性别	
	主要经历与业绩：			
	律师综合评价			
	代理项目及代理权限			
	代理费用及服务期限			
	负责人意见： 盖章： 年　月　日			
分管经理意见	签字： 年　月　日			
审批意见	（附会议表决记录） 盖章： 年　月　日			

外聘律师工作情况报告表

委托事项名称	
委托律师名称	是否是常年法律顾问
委托单位名称	
委托事务及委托内容简介	
事项处理过程	
处理结果	
需要本部门评价	签字： 年 月 日
合规与风险管理部门确认意见	盖章： 年 月 日

图书在版编目(CIP)数据

企业法律管理必备制度与实操：全流程制度范本与高频表单 / 刘纪伟著. —北京：中国法制出版社，2020.12

（企业人书架）

ISBN 978-7-5216-1428-2

Ⅰ. ①企… Ⅱ. ①刘… Ⅲ. ①企业法—研究—中国 Ⅳ. ① D922.291.914

中国版本图书馆 CIP 数据核字（2020）第 216642 号

责任编辑：郭会娟　　　　　　　　　　　　　　　封面设计：汪要军

企业法律管理必备制度与实操：全流程制度范本与高频表单
QIYE FALÜ GUANLI BIBEI ZHIDU YU SHICAO: QUAN LIUCHENG ZHIDU FANBEN YU GAOPIN BIAODAN

著者 / 刘纪伟
经销 / 新华书店
印刷 / 三河市国英印务有限公司

开本 / 710 毫米 ×1000 毫米　16 开　　　　　　印张 / 16　字数 / 265 千
版次 / 2020 年 12 月第 1 版　　　　　　　　　　2020 年 12 月第 1 次印刷

中国法制出版社出版

书号 ISBN 978-7-5216-1428-2　　　　　　　　　　　　定价：58.00 元

北京西单横二条 2 号　邮政编码 100031　　　　传真：010-66031119
网址：http://www.zgfzs.com　　　　　　　　　 编辑部电话：010-66022958
市场营销部电话：010-66017726　　　　　　　　邮购部电话：010-66033288

（如有印装质量问题，请与本社印务部联系调换。电话：010-66032926）